光明社科文库

# 偏离方向的哈特-富勒
# "告密者案件"之争

## ——基于德国法院判决的法理审视

张 智 李亚美◎著

光明日报出版社

**图书在版编目（CIP）数据**

偏离方向的哈特-富勒"告密者案件"之争：基于德国法院判决的法理审视 / 张智，李亚美著 . -- 北京：光明日报出版社，2019.12

（光明社科文库）

ISBN 978－7－5194－4946－9

Ⅰ.①偏…　Ⅱ.①张…②李…　Ⅲ.①法律—研究—德国　Ⅳ.①D951.6

中国版本图书馆 CIP 数据核字（2019）第 114094 号

---

**偏离方向的哈特-富勒"告密者案件"之争**
**——基于德国法院判决的法理审视**
PIANLI FANGXIANG DE HATE-FULE "GAOMIZHE ANJIAN" ZHI ZHENG
——JIYU DEGUO FAYUAN PANJUE DE FALI SHENSHI

著　者：张　智　李亚美

责任编辑：曹美娜　黄　莺　　　　责任校对：张　幽
封面设计：中联学林　　　　　　　责任印制：曹　净

出版发行：光明日报出版社
地　　址：北京市西城区永安路 106 号，100050
电　　话：010-63139890（咨询），010-63131930（邮购）
传　　真：010－63131930
网　　址：http：//book. gmw. cn
E － mail：caomeina@ gmw. cn
法律顾问：北京德恒律师事务所龚柳方律师
印　　刷：三河市华东印刷有限公司
装　　订：三河市华东印刷有限公司
本书如有破损、缺页、装订错误，请与本社联系调换，电话：010-63131930

开　　本：170mm×240mm
字　　数：170 千字　　　　　　　印　　张：16.5
版　　次：2020 年 1 月第 1 版　　　印　　次：2020 年 1 月第 1 次印刷
书　　号：ISBN 978－7－5194－4946－9
定　　价：95.00 元

# 内容摘要

H. L. A 哈特与朗·L. 富勒"告密者案件"之争，源于双方对拉德布鲁赫"转向"的认识和《哈佛法律评论》对案件的错误报道。论战双方关于法律与道德的关系之争，在此争点上被转换成了应该选择何种方案来解决案件才能实现司法正义，实现"忠于法律"之理想的争论。单就解决案件的方案本身来看，也许哈特的方案由于承认了恶法曾经存在的客观性，保持了对恶法的警觉，较富勒的方案更加谨慎，更加深谋远虑，对人性的体悟更加深刻与实际。而富勒的方案则蕴含了更高的目标，对未来的法律图景拥有更高的期望。

哈特、富勒"告密者案件"之争是整个"哈富论战"的一个章节，双方在此争论点上的争论与他们在论战中逐渐形成的法理论有紧密联系。哈特、富勒在争论中所持立场与观点的理论根据就在于其不断丰富和发展的法理论，哈特的法理论对法律与国家关联性的"表达"不显白；富勒的法理论则在某种意义上淡化了法律与国家的关联性。

　　哈特、富勒对拉德布鲁赫"转向"的认识是对拉德布鲁赫战后法思想的误解。《法律的不法与超越法律的法》以"拉德布鲁赫公式"为载体展示出的基本思路，符合拉德布鲁赫过去那种认为法的合目的性处于"最底层"而法的安定性一般优于法的正义性的实证主义理解。拉氏将法的安定性价值放到首位还有着对现实的考虑，即法的安定性价值要求"尽可能通过恰当解释和适用已有的法律来解决现实的疑难案件"，这种做法能确保德国法律的连续性，恢复德国人对法律的信心，甚至还有对德国作为一个整体的主权国家身份的继续存在的暗示。

　　真实"告密者案件"中的班贝格上诉法院实际上巧妙地运用了"拉德布鲁赫公式"。虽然撤销了对告密妻子的无罪判决，但它并没有以违背正直之人的良心和正义感为由，否定案件所涉纳粹法律的法律身份，而是诉诸告密行为发生时依然有效的1871年《德国刑法典》追究告密者的责任。德国法院如此思路解决案件同拉德布鲁赫有着同样的考虑，意在"尽可能通过恰当解释和适用已有的法律来解决现实的疑难案件"。德国法院解决案件的事实方案不但达到了惩罚告密者、实现司法正义的目的，还有着对当时德国所处的政权更替、"政治实体不复存在""国际人格暂时停止"，战胜国把其分割为不同的区域分而治之等状况的"关照"，力图在解决案件的过程中，确保德国法律的连续性，推动德国人恢复对法律的信心，甚至也或有意暗示德国作为一个整体的主权国家身份的存在。

　　哈特、富勒"告密者案件"之争偏离了德国法院如此解决

"告密者案件"所设定的方向。争论中的哈特与富勒,一位反对《哈佛法律评论》报道的德国法院的判决思路和解决方案,一位赞同《哈佛法律评论》报道的德国法院的判决思路与解决方案。但无论是在承认纳粹恶法法律身份的前提下,采取溯及既往的立法之方法惩罚告密者的哈特方案,还是否定"告密者案件"所涉纳粹恶法的法律身份,法院以溯及既往的方式惩罚告密者的富勒方案,都不同于德国法院实际的判决思路和解决方案。

《哈佛法律评论》的错误报道只是哈特、富勒"告密者案件"之争偏离解决案件事实方案的直接原因,导致"哈富论战"偏离方向的因素实际上有五个:第一,哈特、富勒对拉德布鲁赫的误解以及错误报道对他们的误导;第二,哈特、富勒"角色感"的缺失;第三,哈特、富勒在争论中同情与超然态度的缺失;第四,哈特、富勒形成于常态政治下的法理论之局限性;第五,英美法文化与德国法文化的差异。而最后一个因素最为关键,却至今未受到足够的重视。

《怨毒告密者难题》一文可以看作富勒与哈特"告密者案件"之争的延伸。如果以德国法院审理"告密者案件"的事实方案为标准进行判断,在该文呈现的五个方案中,只有第三个方案与德国法院处理"告密者案件"的真实方案一致,也许它更适应案件发生国的实际情况,更具合理性。

本书主要由以下七个部分组成。

"引言"部分论述了本书立足的主题,将文章寻求解答的哈特、富勒"告密者案件"之争偏离方向的问题提了出来,简要评述了国内外学者在该主题上的研究现状，并介绍了贯穿全文的理论与案件转换思考的研究思路。

第一章，以拉德布鲁赫战后思想为线索，以点代面地就战后德国在司法转向的过程中处理疑难案件的理论探索做了论述，并陈述了所谓的拉氏战后法理论立场发生的"转向"和被《哈佛法律评论》错误报道的"告密者案件"以及该案件的真相，对哈特、富勒为什么会选中此案作为争论对象进行了分析。

第二章，对《哈佛法律评论》就自己报道的"告密者案件"做的评论进行了介绍，并对哈特、富勒在"告密者案件"上的三个争论点做了论述，分析了他们解决案件的方案对于实现"忠于法律"的理想存在的利弊。

第三章，基于哈特、富勒"告密者案件"之争是源于他们对"法律是什么"有不同看法之认识，以双方在法律与道德关系问题上的不同主张和理论设计为切入点，论述了他们对法律的不同定义，找出了他们认定案件所涉纳粹恶法身份的法理论根据，并以哈特、富勒法理论中的关键环节作为分析对象和依据，分别论述了哈特法理论对法律与国家关联性不显白的"表达"和富勒法理论淡化法律与国家关联性的事实。

第四章，以战后德国所处政治状况和纳粹政权的"合法性"与德国司法的纳粹化为切入点，揭示了"告密者案件"的审理还涉及对政治因素的考量之事实，论证了拉德布鲁赫战后的理论立场并没有发生根本性转变之观点，以及"告密者案件"的事实方案与"拉德布鲁赫公式"的深层次要求的一致性。

第五章，分析了导致哈特、富勒"告密者案件"之争偏离德国法院解决案件的事实方案的五个因素。英国美国法文化与德国法文化的差异最为关键，也是导致争论在一开始偏离方向的情况下，最终未能回归到真实案件方向上来的重要原因。

"结论"部分以德国法院处理"告密者案件"的事实方案为标准进行判断，认为在《怨毒告密者难题》呈现的五个方案中，第三个方案也许更具合理性。同时，"结论"部分还对哈特、富勒"告密者案件"之争具有的积极意义给予了肯定，并就争论因法文化差异而偏离案件事实方案对中国法治建设的启示做了论述。本笔者认为，与哈特、富勒在设计解决"告密者案件"的方案之过程中因"非语境化"运用英国美国法理论，忽视德国法文化，以及对自身理论的局限性认识不足而犯下的错误相比，中国学者在借鉴与吸收西方法思想与法理论的过程中，对其不加反思地予以运用，并以其为判准对中国问题进行裁剪，其错误或许更为严重。

# Abstract

The controversy between H. L. A. Hart and Lon L. Fuller on the "informer's case" was originated from the different views on the "turn" of Radbruch and the wrong reports of Harvard Law Review on the case. The controversy on relations between law and morality was further developed into debate on how to solve cases for judicial justice and for the ideal of "Loyalty to Law". As just for the solution itself, probably Hart's solution retained the alertness on evil laws by admitting the objective existence of such evil laws; while Fuller's solution was more cautious and more forethoughtful, and had more in – depth and practical understandings on the humanity. Fuller's solution contained higher goals and had higher anticipations on the prospects of future laws.

The controversy between Hart and Fuller on the "informer's case" was just one chapter of their entire debate. At this point, their controversy had close relations with the legal principles gradually formed in such controversy. It were the continuously enriched and developed legal theories that had supported their standpoints and opinions held by both of them in the controversy. However, Hart's principles didn't show exoteric expressions on the relevancy between laws and nations; while Fuller's principles weakened such relevancy to some extent.

Cognitions on Radbruch's "turn" by Hart and Fuller were the misunderstandings of the post – war legal ideologies of Radbruch. The basic ideologies represented based on the Radbruch Formula *in the Illegal Laws and Laws Beyond Laws* are in accordance with the positivism understanding of Radbruch that the purposiveness of laws were "at the bottom levels" while the invariability of laws were generally superior to the justice of laws. Priority on invariability by Radbruch further carried concerns on reality, on other words, the invariability of laws require to "solve current hard cases according to proper interpretations and current applicable laws as possible". This aimed to ensure the continuity of the German laws, promote confidence of the Germans on recovering the laws, and probably even to give an intended hint of the existence of German as an integrated sovereignty.

In the actual case, the Bamberg of Appeal in practice skillfully applied the "Radbruch formula". Though the judgment of "not guilty" was cancelled against the "Informing Wife", it hasn't denied the legal identity of the Nazi's laws involved on the grounds of violence of the consciences and senses of justice of the righteous people. Instead, the responsibilities of the Informer were investigated in accordance with

Germany's Penal Code (1871) that was still effective at the time of informing. Such an ideology in settling this case by the German Court had the same considerations with Radbruch. It was intended to "solve hard cases in reality with proper interpretations and currently applicable laws as possible" . Such a settlement by the German Court was not only for the purpose of punishing the Informer and realize judicial justice. In addition, it involved "considerations" on conditions of Germany where the regime was changed, "the political entity no more existed", "international personality was temporarily suspended" and the victorious national had divided German into different sections for separated administrations, etc. Efforts were made in the settlement of the case to ensure the continuity of the German laws, promote confidence of the Germans on recovering the laws, and probably even to give an intended hint of the existence of German as an integrated sovereignty.

The controversy of Hart and Fuller on the "Informer's Case" was deviated from the orientation of solution on such cased by German courts. Hart and Fuller in debate, one went against the judgment ideologies and solutions of the German Court reported by Harvard Law Review while the other supported them. However, neither Hart's solution to punish the Informer based on forepassed legislation with the premise of admitting the identity of Nazi's evil laws, or Fuller's solution to punish the Informer based on forepassed methods with the premise of denying the identity of Nazi's evil laws, were different from the actual judgment

*3*

ideologies and solutions of the German Court.

The wrong report in the Harvard Law Review was just the direct cause of the deviation of the controversy of Hart and Fuller on the "Informer's Case". As a matter of fact, thereare five contributive factors that deviated the controversy: First, misunderstandings of Hart and Fuller on Radbruch and the misleading of the wrong report; Second, the absence of "sense of participation"; Third, the absence of sympathies and detachment of Hart and Fuller in controversy; Fourth, limitations of the legal theories of Hart and Fuller formed under normal political conditions; Fifth, difference of cultures in the UK, US and though in German. Among the five factors, the last one is the most critical but still not fully valued factor.

The article *The problem of the Grudge Informer* may be regarded as the extension of the controversy of Hart and Fuller on the "Informer's Case". If judged with the practical solutions of the trial on the "Informer's Case" by the German Court as standard, among the five solutions represented in the article, only the third one was identical with the actual solutions of the German Court. Probably it was more suitable to the actual conditions of the country where the case happened and provided with more rationality.

This book consists of seven parts: Introduction; Chapter 1: Theoretical Researches on the Post－war "Turn" of Germany's Jurisdiction and the Informer's Case; Chapter 2: Seeking for Judicial Justice of the

"Informer's Case"; Chapter 3: Disputes on Legal Theories; Chapter 4: Surveys from Political Points of Views; Chapter 5: Cultural Gaps in Laws Reflected in the Controversy Between Hart and Fuller; the Conclusion.

In the Introduction, this book describes the standpoint, raises the question on the deviation of controversy of Hard and Fuller on the "Informer's Case", briefly reviews the current researches of scholars at home and aboard on such subject, and introduces the theories through this book as well as research ideologies for perspective views on this case.

Chapter 1 discusses the theoretical explorations on disposals of hard cases during the "turn" of Germany's jurisdiction after the World War based on the post – war ideologies of Radbruch; describes the "turn" of Radbruch's legal theories after the World War, wrong report of Harvard Law Review and the truth of the case; and analyzes the reason that Hart and Fuller selected this case as the focus of controversy.

Chapter 2 makes introductions on the comments on the "Informer's Case" reported by the Harvard Law Review; describes the three debating focuses of Hart and Fuller on the case; analyzes the pros and cons of their solutions on realization of the ideal of "loyalty to the law".

In Chapter 3, based on the fact that the controversy of Hart and Fuller on the "Informer's Case" was originated from their different views on "what is law" and with the starting point of different opinions and theoretical design on relations between the laws and morals, this chapter discusses different definitions made by them; identifies the legal theory basis of the identity of the evil laws involved in this case by them, In addition, this chapter takes the key links in the legal theories of Hart's and Fuller's as analysis object and basis to respectively describe the exoteric "expression" in Hart's theories on the relevancy of the laws and the nations and the fact in Fuller's theories in "weakening" the relevancy of the laws and the nations.

Chapter 4 focuses on the post – war political conditions of German and the "legality" of Nazi's regime in German as well as the Nazification of Germany's jurisdiction; reveals the fact that political factors were considered in the trial of the "Informer's Case"; demonstrates the view that no radical "turn" was made in Radbruch's theoretical standpoints after the World War; and expresses the consistency between the actual solution of the "Informer's Case" and the in – depth requirements of the "Radbruch Formula".

Chapter 5 analyze the five factors that deviated the controversy between Hart and Fuller on the "Informer's Case", of which the difference between legal cultures between the UK, US and German. It is also an important cause that the controversy failed to get back to the actual trace of the case with the orientation deviated at the very beginning.

In the Conclusion part, as judged with the actual solution of the disposal on the "Informer's Case" by the German Court, the paper deems that the third solution would be more rational among the five solutions proposed in the Challenge of the Hatred Informer. Meanwhile, the Conclusion also gives affirmation on the positive significance of the controversy between Hart and Fuller on the "Informer's Case" and demonstrates the inspirations of such deviation on the actual case due to differences of legal cultures. This paper holds that, compared with the mistakes that Hard and Fuller had made in designing solutions for the "Informer's Case" where the legal cultures of Germany were ignored due to the application of British and American legal theories in a "de-contextualized" manner, as for Chinese scholars in the course of reference and absorption of ideologies and theories in Western laws, if applications are made without introspections as standards for judgments of issues with Chinese characteristics, the mistakes would be probably more serious.

# 目 录
## CONTENTS

# 引 言

　　法律与道德的关系命题被耶林（Jhering）称作法理学的"合恩角"（the Cape Horn），要征服它，必须冒船毁人亡之危险。而这种难以征服的特性为其招来了更多想征服它的人们，法律与道德的关系命题也成为古老而长青的法哲学问题。法律与道德有无联系？如果有联系，那它们之间的联系是必然存在的，还是偶然形成的？法律能否单单依凭自己的权威而存在？换句话说，法律是否需要道德基础，进而道德能否作为判定法律身份的标准甚至唯一标准？针对这些问题，不同时代、不同国别，在哲学、法学、政治学等领域从事写作、研究和思考的大师、专家、学者们，给出了内容各异的答案，同时展开了持久的争论。而围绕对上述问题的回答，两种立场鲜明的观点——"恶法亦法"与"恶法非法"凸显出来。有关法律与道德的关系喋喋不休的争论，由此延续到由"恶法亦法"与"恶法非法"命题对立性引发的持久论争上。

　　"恶法非法"论认为，当"法律"在道德上被判定为邪恶的时候，就失去了其作为法律的资格，它便不再是法律，或者自始就不是法律。法律的道德价值是判定法律身份的必要条件。"恶法非法"论展现的是对正义的追求，对道德价值的崇尚。"恶法亦法"论则恰恰相反，坚决捍卫"恶法"的法律身份，认为道德不能作为判定法与非法的必要因素，法律与道德在概念上不存在必然联系。伊·亚·伊林对"恶法亦法"的理论基础进行了哲学化的分析："在法成了非正义的法或'恶法'的情况下，法仍然是建立在这样一种直接确信的基础之上的：必须和能够将'正确的'和'允许的'行为区别于'不正确的'和'不允许的'行为，并根据这一应得的普遍遵守的准则去调整人们的生活。"①"恶法亦法"论突出了法律"定分止争"的作用，侧重强调法律的稳定性和法律自身的权威性。由此，在法学领域内部，逐渐形成了持"恶法亦法"论的实证主义法学派②同持"恶法非法"论的自然法学派对立的局面。

　　然而，就如同回答为什么必须思考法律与道德的关系问题这一前问题时，需要跳出法律的话语体系回到现实中去一样，主宰对法律与道德关系问题解答的，终究不是法学家大脑中逻辑严密、能够自圆其说的思想与信条，自然法与实证主义法学的对立也不仅仅是法学派别的简单划分。正如有学者所言："法律与道

---

① 伊·亚·伊林. 法律意识的实质［M］. 徐晓晴，译，北京：清华大学出版社，2005：5. 该书作者在此对"恶法非法"的理解也颇有深意。
② 社会法学派、分析法学派都可以称为实证主义法学派，在这里特指分析法学派。

德的关系问题是一个古老的法哲学问题，但却不是一个尘封于法哲学历史中的过时了的问题。每当法学的理论面临新的挑战，或是法律的实践遭遇新的问题时，人们都不得不重新思考、讨论这个古老的问题，尽管每一次思考的内容与讨论结果都各不相同。"① 在由矛盾凸显所带来的问题集中显现的社会转型期，这个古老问题成为亟需回答的难题。

对于转型可以从广义和狭义两个角度理解。广义的转型泛指"社会由一种型态转变为另一种型态，它对于人类社会不同历史型态的转变都具有适用性"；狭义的转型特指"近现代以来从传统型社会向现代型社会的转变"。无论是广义的转型，还是狭义的转型，都会带来社会情势的变化。这种变化不可避免地与包含安定性价值在内的法律发生摩擦，甚至冲突。于是，如何妥善处理法律与道德的关系，如何协调好情、理、法之间的关系等问题，都集中体现在如何寻求转型期的司法正义这一法律实践中。对这些问题的思考与讨论是法官判决思路形成的关键性因素，直接关系到被告人生命运的福祸乃至生命。此刻，是站在自然法立场上还是实证主义法立场上，便转换成法官形成判决理由时需要选择的说理选项。进一步说来，法律与道德的复杂关系使司法过程成为一个如履薄冰的探险过程，对法律与道德关系的追问也就转换成对司法正义的诉求。

---

① 孙笑侠，麻鸣. 法律与道德：分离后的结合——重温哈特与富勒的论战对我国法治的启示 [J]. 浙江大学学报（社会科学版），2007，37（1）：146.

哈特（H. L. AHart）与富勒（Lon L. Fuller）争论的"告密者案件"（grudge informer case），正是战后德国重新向法治国转型过程中寻求司法正义的一个缩影。①

## 一、问题的提出

1945 年 11 月 20 日至 1946 年 10 月 1 日，对纳粹德国主要战犯追责的纽伦堡审判（the Nuremberg Trial）在举世瞩目下进行。四个战胜国（美国、苏联、英国、法国）早已预料到，作为人类历史上第一次国际性的大审判，纽伦堡审判必将面临一系列法律难题，于是在 1945 年 8 月 8 日签署了作为纽伦堡审判法律依据的《伦敦四国协定》（the London Four – Power Agreement）和《国际军事法庭宪章》（the Charter of the International Military Tribunal），并在宪章中规定，"被告遵照其政府或上级官员的命令行事的事实不能作为免刑的理由"②，法庭只有权判断该行动是否具有充分根据，且只是将其作为减刑因素。但这很难化解检察官杰克逊（Robert H. Jackson）内心的焦虑："杰克逊问马克斯韦尔·法伊夫爵士，如果被告提出的辩护理由是，他们只不过是在执行上级的命令，那怎么办？马克斯韦尔·法伊夫爵士说，这种理由不能成立，否则所有的起诉案子都将要崩溃。希特勒手下的德国人依据

---

① 这里所指的社会转型即"德国重新向法治国转型"，应该从广义的社会转型来理解，即"社会由一种型态转变为另一种型态"。

② 何勤华，朱淑丽，马贺. 纽伦堡审判 [M]. 北京：中国方正出版社，2006：349.

'领袖原则'行事，在'领袖原则'的概念里，领袖有绝对的权威。元首怎么命令，他的下属就怎么执行。这些下属的命令，更下级的人必须执行，一级一级由上而下，形成金字塔式的权力结构。如果允许被告用'上级命令'的理由辩护，那么，他们就只能给希特勒定罪，而希特勒已经死了。"① 马克斯韦尔·法伊夫（David Maxwell–Fyfe）做出的，毫无疑问是一种应对现实需要的实用主义选择，在理论上并没有给出一个令人信服的解释，他留下的是从杰克逊口中说出的理论困境："他说，他们面对的最大问题是平息有关他们正在制定一种有追溯效力的法律的批评。古罗马人说过：没有法律就谈不上罪与惩。很显然，纳粹分子犯了哪些法呢？检察官可以援引哪部法律，哪部法典的哪一章、哪一条呢?"②

杰克逊的焦虑并非庸人自扰，他设想的场景即将成为所有参与纽伦堡审判的检察官和法官们面对的事实。审判开始的前一天，被告辩护律师便联合向法庭提出申请，以法庭的审判是溯及既往的，且《国际军事法庭宪章》大部分内容违反了国际公认的"法无明文规定不为罪"的刑法裁判原则为由，要求法庭以公认的国际法准则作为审判的法律基础。虽然法庭依据宪章第 3 条的

---

① 约瑟夫·E. 珀西科. 纽伦堡大审判［M］. 刘巍，等，译. 上海：上海人民出版社，2000：35. 另参见：强世功. 法律的现代性剧场：哈特与富勒的论战［M］. 北京：法律出版社，2005：1.

② 约瑟夫·E. 珀西科. 纽伦堡大审判［M］. 刘巍，等，译. 上海：上海人民出版社，2000：33. 另参见：强世功. 法律的现代性剧场：哈特与富勒的论战［M］. 北京：法律出版社，2005：2.

规定拒绝了辩护律师对宪章本身的质疑，但也不得不允诺在随后的审判中对相关法律问题给予考虑。宪法中的追溯既往问题，以及关于罪刑法定的争议，法庭没有弃之不理，检察官们将不得不向法官们证明其讼案的法律有效性。① 而在审判开始后，被告及其律师也的确狠狠咬住这一点不放。被告原纳粹德国内政部长弗里克（Wilhelm Frick）的律师在为其辩护中，就试图将他描述成一个只知道听从命令的官员。原纳粹德国国防军最高统帅部部长凯特尔（Wilhelm Keitel）面对清楚的事实与确凿的证据，也辩称自己作为军人，服从上级命令是理所当然的。原纳粹德国最高统帅部作战厅厅长约德尔（Alfred Jodl）则在辩护中指出：自己作为策划者，只是履行职责，仅仅在遵循命令而已。他甚至继辩护律师之后，再次向法庭提出了对《国际军事法庭宪章》公正性的质疑，认为宪章中禁止被告使用"只是听从上级命令"的理由为自己辩护的规定是不公正的。

"然而没有争论的余地是站在这种论点上的话，所有的审判都成了不可能的事了。"② 无论如何，被告的辩护相对于他们造下的种种罪孽显得是那么微不足道。联合国大会 1946 年 12 月发布了旨在确认《国际军事法庭宪章》和纽伦堡审判中所体现的原则的决议，这也被认为国际社会对纽伦堡审判合法性的最大肯定。

---

① 何勤华，朱淑丽，马贺．纽伦堡审判［M］．北京：中国方正出版社，2006：132.

② 汉娜·阿伦特．伦理的现代困境［M］．孙传钊，译．长春：吉林人民出版社，2003：56.

遗憾的是，杰克逊式的焦虑并没有就此消解，它依然萦绕着参与审判其他纳粹战犯的法官、检察官们。在对主要的战犯审判后，战胜国开始了对纳粹司法人员的审判，职务最高的受审对象——原纳粹德国司法部副部长及代理部长施雷格格堡（Franz ShiLeigrid-Fort），为自己提出了似乎更具说服力的辩解，他认为自己坚守职位是为了避免更恶劣的情况出现，因此犯下了被起诉的罪行。而最后的统计表明，不仅他和其他所有审判中的司法人员，所有参与第三帝国罪行的司法人员、医生、官员和士兵，都在用这个理由为自己开脱，甚至连在主要战犯审判中被判处死刑的前驻波兰总督汉斯·弗朗克（Hans Frank）也曾以这种理由来辩白。① 虽然被告们用更巧妙的辩解把自己装扮为正义底线的卫士，但是他们对恶法的服从与实施却是无法用花言巧语掩盖的事实。这些审判不只是简单地复制了纽伦堡审判面对的困境，更是在不断促使人们去追问战后德国在重新向法治国转型的过程中凸显的法律与道德的关系问题，"恶法亦法"与"恶法非法"孰是孰非的问题。法官、检察官们的困惑更像是向法学家们发起的挑衅，同样的理论迷雾一次又一次的出现，冲击着大脑，他们当然无法袖手旁观。1958 年，大西洋两岸的法学家哈特与富勒开始了被学者称为20 世纪实证主义法学派与自然法学派对法律与道德的关系问题所

---

① 英戈·穆勒. 恐怖的法官纳粹时期的司法［M］. 王勇，译. 北京：中国政法大学出版社，2000：254.

做的最为引人注目的讨论。①

　　1956 年 9 月，哈特应邀到哈佛大学进行为期一年的访问（富勒是哈佛负责安排的人员之一）。次年 4 月，哈特应当时哈佛法学院院长格里斯沃尔德（Erwin Griswold）的邀请，在年度奥利弗·温德尔·霍姆斯（Oliver Wendell Holmes）讲座上做报告。正是在这个讲座上，哈特向他的美国同行宣讲了其后来被妮古拉·莱西（Nicola Lacey）赞誉为"结构优美、内容扎实"的论文——《实证主义与法律和道德的分离》（*Positivism and the Separation of Law and Morals*）。在演讲中，哈特"正面捍卫分析法学和法律实证主义"，主题之一便是对"实证主义"作了澄清，坚持法律与道德不存在必然关系的立场，拒绝自然法学家所持的法律和道德之间存在必然联系的观点和主张。"当赫伯特对实证主义作有力阐明时，坐在兰德尔大楼中那座无虚席的报告厅里的听众见证了富勒痛苦的表情和斯通矛盾的反应，他们由此感觉到了这一特殊时刻的重大意义。后来成为著名的法律和政治哲学家的乔尔·范伯格记得，富勒'像一头饥饿的狮子一样在报告厅的后面踱来踱去'，而且在提问会的中途就离开了。"② 妮古拉·莱西在《哈特的一生：噩梦与美梦》（*A Life of H. L. A Hart：A Nobel Dream and A Nightmare*）中写下了这段文字，形象地描述了哈特报告的冲击

---

①　孙笑侠，麻鸣. 法律与道德：分离后的结合——重温哈特与富勒的论战对我国法治的启示［J］. 浙江大学学报（社会科学版），2007，37（1）：146.

②　Nicola Lacey. *A Life of H. L. A Hart：A Nobel Dream and A Nightmare*［M］. New York：Oxford University Press，2004：197.

力。此次"霍姆斯讲座迅速被学界视为法律理论发展过程中的一个重要标志"。1958 年，哈特将《实证主义与法律和道德的分离》发表在《哈佛法律评论》（*Harvard Law Review*）第 71 卷上。在霍姆斯讲座半途退场的富勒也并非仅仅以离开作为表达不满的方式，他同样在《哈佛法律评论》第 71 卷上发表了自己的文章——《实证主义和忠于法律：答哈特教授》（*Positivism and Fidelity to Law—A Reply to Professor Hart*），作为对哈特一文中反自然法观点的回应。1961 年，哈特将自己逐渐成熟的分析实证主义法理论写成《法律的概念》（*The Concept of Law*）一书并出版，同时也作为对《实证主义和忠于法律：答哈特教授》的回复。1964 年，富勒出版了展示自己自然法思想的专著《法律的道德性》（*The Morality of Law*），其中也不乏对《法律的概念》中一些观点的回应。1965 年，哈特就《法律的道德性》写了书评《朗·L. 富勒：〈法律的道德性〉》（*Lon L. Fuller：The Morality of Law*）发表于《哈佛法律评论》第 78 卷。1969 年，《法律的道德性》修订版出版，对《朗·L. 富勒：〈法律的道德性〉》（*Lon L. Fuller：The Morality of Law*）做了回复。①

这场持续 12 年之久的"口舌之战"触动了法学界的神经，而论战聚集的高超智慧与巨大理论力量更是招来了无数的支持者与反对者，在法学领域产生了持续的影响。有中国学者认为

---

① 有关哈特与富勒论战的历程可以参阅富勒《法律的道德性》修订版，富勒对自己与哈特间持续了十余年的争论做了梳理，他把这场论战分为五个回合。朗·L. 富勒. 法律的道德性［M］. 郑戈，译. 北京：商务印书馆，2005：217.

"'哈特－富勒'之争已经构成了法理学勃兴的一种真正象征"①加拿大卡尔加里大学教授戴斯（Eugene E. Dais）这样表达自己对哈富论战的看法："自然法学派和实证主义法学派持久的对峙，至少可以回述到古希腊戏剧家索福克勒斯的著名悲剧作品《安提戈涅》（*Antigone*），两派的争论引发了大量复杂的且变化不断的、令人困惑且不断变化的问题。对这一事实最好的证明，莫过于发生在 1957 年至 1969 年间，广为人知的富勒教授与哈特教授的论战。"戴斯对"哈富论战"的评价并不为过。在被迫性学术生产推动的专业化学术世界中，人们已经习惯了学术著作的短暂生命力，但今天我们仍然能够感受到"哈富论战"向我们发出的强有力的声音。

妮古拉·莱西教授在《哲学、政治道德和历史：对哈特－富勒论战持续影响力的解释》（*Philosophy, Political Morality, and History: Explaining the Enduring Resonance of the Hart–Fuller Debate*）一文中分析了"哈富论战"之所以能引起不断共鸣的原因：两篇具有卓越学术价值的文章构筑了论战；哈特与富勒当时都处于智识的最佳状态；对问题的合并处理；引发了对一系列问题的预知分析，这些问题主导了战后国际公法的发展；几代学者都倾向于通过便利的文本和书籍研习法学，他们恰巧遇到了 1958 年发表在《哈佛法律评论》上的哈特的实证主义法理论与 20 世纪中

---

① 谌洪果. 哈特的法律实证主义：一种思想关系的视角［M］. 北京：北京大学出版社，2008：79.

期的自然法理论。① 妮古拉·莱西的分析不无道理，但他似乎忽略了这场论战与当时法学实践间的紧密联系。要透彻理解"哈富论战"，首先要正确回答以下问题：对于"哈富论战"而言，自然法学派与实证主义法学派的鲜明对立能否只被理解为哲学、理论上的分歧？或是有关在特定社会和历史条件里，使得社会目的和理想得以最大化实现的制度安排的道德和实践分歧？它是否集中于无休止的概念区分？它具有的持续影响力的原因系，是否也应该将其所发生时的鲜活背景纳入其中？面对启蒙后的宪政民主制，它提出了最紧迫的道德和政治问题之一：如何进行法律安排，以至能够限制权力滥用或对权力滥用的企图。在我看来，对这一系列问题的合理回答应该是：哲学和理论的争论，特别是有关法律、道德和政治哲学及理论的争论，都面对着紧迫的实践问题，而不仅仅是概念的分歧，它具有理论和现实的双重意义。

可是，论战得以启动并赋之予现实意义之一的论战背景，其重要性往往被哲学和理论的分析所遮蔽。背景不仅仅可以说明法律概念的重要性，还可以说明它的目的、功能和社会作用，体现法律概念解决现实问题的能力。发生在有关纽伦堡审判合法性争论背景下的这场论战，其中一个争论点将使人们把注意力重新投向论战的背景：在"哈富论战"的第一轮交锋中，双方就战后德国法院对一个"告密者案件"的判决发生了争执。该案作为二战

---

① See：Nicola Lacey. Philosophy, Political Morality, and History：Explaining the Endur-ing Resonance of the Hart – Fuller Debate ［J］. New York University Law Review, Vol. 83 (2008), pp. 1060 – 1061.

后德国由纳粹国家重新向法治国转型的过程中面临的极端疑难案件，充分展现了法官在转型期寻求司法正义不得不面对的难题。

　　道德与法律的冲突在德国转型时期这一典型案例中得到了淋漓尽致的体现。在当时德国情势的改变不可避免地与包含安定性价值在内的法律发生摩擦和冲突时，如何妥善处理法律与道德的关系，如何协调好情、理、法之间的关系，都是审理"告密者案件"的法官所要思考的问题。哈特与富勒则是在此案判决的数年后，拿出了自己认为的针对案件的最妥当的解决方案。

　　正如妮古拉·莱西所言："他们（指哈特与富勒）的争论发生在世人对纽伦堡审判的合法性正展开广泛辩论的时候，而且又集中围绕一个生动的案例进行，所以他们共同提出的敏感问题就显得引人注目、争论激烈，并且迅速产生重大的影响。"① 在案件判决尘埃落定但依然众说纷纭的数年后，在人们对二战的记忆依然清晰的时候，双方的注意力投向鲜活的、令人心酸的"告密者案件"，无疑增强了论战受关注的程度，提升了论战的现实效应和价值，为论战吸引了更多的眼球。哈特、富勒在"告密者案件"上的争论，往往被学者们作为这场论战最具宣传效应的"形象片"加以介绍，双方"恶法非法"与"恶法亦法"的立场在此争点上展现得淋漓尽致。

　　"告密者案件"中的被告作为一名普通公民，在案件审判中

---

① Nicola Lacey. A Life of H. L. A Hart: A Nobel Dream and A Nightmare ［M］. New York: Oxford University Press, 2004: 198.

对自己遵循和运用恶法的行为进行的辩解，比起位处纳粹官僚机器中的弗里克、凯特尔、约德尔、施雷格堡等人"只是服从上级命令""实施法律只是为了避免更恶劣的情况出现"的理由为自己罪行进行的辩解，具有更强的"正当性"与"说服力"。由此，"告密者案件"带来的不仅是法律和司法的现实难题，而且也是更深层次的理论困境，让我们更加深刻地体会到阿伦特（Hannah Arendt）心中的困惑："宽恕的替代（但绝非其反面）是惩罚。两者的共同点在于：企图终结一些没有干扰便会无止境持续下去的东西。因此，人们不能宽恕他们不能够加以惩罚的行为，也不能惩罚那些不容宽恕的行为——作为人类事务领域中的一个结构性因素，这是很有意义的。这是那些冒犯行为的真正特征……我们所知道的是：我们既不能惩罚，也不能宽恕这些冒犯行为；它们因而超越了人类事务的领域，超越了人类的潜能，这两者不管在哪里出现，这些冒犯行为就会无情地将其摧毁……我们唯一能够做的就是复述耶稣说过的话：'把磨石拴在他的劲上，并把他投入大海，这对他来说更好。'"① 哈特、富勒针对案件提供的解决方案，充分显示了两位法学家为寻求妥善解决转型期出现的极端疑难案件、实现司法正义而做出的努力。

然而，哈特、富勒谈论的是一个被《哈佛法律评论》错误报道的案件。澳大利亚国立大学的帕普（H. O. Pappe）博士 1960 年

---

① 汉娜·阿伦特. 人的条件［M］. 竺乾威，等，译. 上海：上海人民出版社，1999：232.

在《现代法律评论》（*Modern Law Review*）第 23 卷发表的文章
——《论纳粹时期司法判决的效力》（*On the Validity of Judicial
Decisions in the Nazi Era*）中，指出了这一事实。帕普写到："一般
情况下，也许低级法院的判决在整个司法氛围中具有代表性；因
此，适合作为一个范例。但令人遗憾的是，《哈佛法律评论》错
误地报道了案件，哈特的推理和对案件的陈述，正是依据《哈佛
法律评论》这一错误报道进行的。"① 根据帕普论述的事实可以知
道，《哈佛法律评论》报道的案件同真实案件在事实情节上没有
差异，但由它们呈现出的德国法院对案件所涉纳粹法律的认识存
在不同。在错误报道的案件中，德国法院认为案件所涉纳粹法律
"违背所有正直之人的良心和正义感"，是无效的。而真实案件中
的德国法院并没有以"违背所有正直之人的良心和正义感"为由
否定纳粹法律的效力，其审判思路与《哈佛法律评论》的报道有
明显出入。

　　哈特、富勒基于《哈佛法律评论》错误报道进行的论述，为
双方的争论埋下了"崩盘"的伏笔。在争论中，哈特、富勒反对
和赞同的都是《哈佛法律评论》误报的、非实际的德国法院的判
决思路和解决方案。这本应该是值得重视的研究线索，但也许是
被论战当事人极力淡化这一事实的举动所误导——哈特在得知自
己讨论的是一个被《哈佛法律评论》错误报道的案件后，在《法

---

① H. O. Pappe. On the Validity of Judicial Decisions in the Nazi Era ［J］. The Modern
Law Review，Vol. 23（1960），p. 263.

律的概念》中只是以注释的形式对帕普的揭示进行了陈述，并以承认自己讨论的案件"必须被视为一个假设的案件"的方式，来解释此事；① 富勒在得知此事后，甚至没有意识到自己谈论的案件就是个虚假的案件，还误认为帕普指的是"后期的有些判决"。在形式上，他同样只是以注释的形式对此事进行说明。由于再一次的误解，他比哈特走得更远，不但坚持了自己在《实证主义和忠于法律：答哈特教授》中的立场，还把矛头指向了帕普，认为德国法院真实的判决思路对自己的立论无关紧要。所以，他实际上变相地批判了做出真实判决的德国法院②，研究者们虽然知道哈特、富勒争论的是一个虚假案件，双方提出的解决方案统统偏离了事实方案，却要么对此保持沉默，要么仅仅将《哈佛法律评论》对案件的错误报道作为偏离现象出现的原因。例如，有学者针对哈特、富勒围绕"告密者案件"的争论说道："这样的论点冲突竟然可能仅仅是起源于获取资料时受到误导而产生的对历史事实的误解。"③ 他们没有意识到此种偏离的出现带来的分析哈特、富勒"告密者案件"之争的新思路与新视角，进而不能深入探究导致这种偏离的更深层次因素。

    同样遗憾的是，由于论战双方验证理论立场实践效果优劣的

---

① See：H. L. A. Hart. Essays in Jurisprudence and Philosophy [M]. Oxford：Clarendon Press，1983：75.

② See：Lon L. Fuller. The Morality of Law [M]. New Haven：Yale University Press，1964：40.

③ 林海. 哈富论战、拉德布鲁赫公式及纳粹法制谜案 [J]. 南京大学法律评论，2008（春秋合卷）：264.

动机，再加上他们关于"告密者案件"的大部分争论出现在论战的早期，出现在双方各自法理论还未系统化、体系化，从而未能对法理论进行系统化、体系化阐明的时期之事实，以及论战之初双方言辞带有的情绪色彩等因素，哈特、富勒在"告密者案件"上的争论给人更多的只是一种法理论立场效果比拼的印象。而在后来的论战中，双方的法理论逐渐丰满、成熟，成体系，却大量缩减了在"告密者案件"上的论述篇幅，甚至只以注释的形式加以提及，进一步定格了效果比拼的印象。这样的状况阻碍了后来的学者去意识、体会"告密者案件"争论中，双方观点、立场与伴随整个论战而逐渐成形的各自法理论之间的关系，进而失去了通过对双方法理论的判断和评价，以及对德国法院判决"告密者案件"的真实思路的分析，进一步探究导致论战双方的解决方案偏离事实方案的深层次原因的机会，失去了对哈特、富勒在该案上的争论给予更全面理解和更准确判断的机会。这样，也就遮蔽了本可由哈特、富勒"告密者案件"之争展示出来的，在解决转型期疑难案件的过程中，司法实践背后存在的理论抉择与相关的文化和现实因素对案件处理的至关重要的影响，最终降低了我们从哈特和富勒两位伟大法学家的智慧中于正反两面获取营养，去正确应对在寻求转型期的司法正义时会遇到的困境的能力。

　　所以，本文以真实的"告密者案件"为基点，结合对支撑哈特、富勒立场、观点的法理论、法思想和法文化的分析与判断，进一步研究双方为探求"告密者案件"上的司法正义而发生的争论本身，试图寻找导致论战双方提出的解决方案偏离事实方案的更深层次的原因。这样不仅是把他们在此案中所面临的转型时期司法实践无法回避的困境再一次呈现出来，更是通过对争论更全面、深入的理解，就双方在此争点上的论争进行更准确的评价，展示转型期实现司法正义的复杂性与思考该问题可寻的规律性，进而为提升我们面对困境的能力创造条件。

## 二、研究现状

无论基于理论的推进还是生活实践的需要，已经延续了数千年的法哲学对话都必须继续下去，而对话得以真正进行的前提条件则是独立的"思维的能力"之培育和锻造，每一个时代都在呼唤具有这种能力的"对话者"①。毫无疑问，哈特与富勒就是具有"独立的'思维的能力'"的对话者。他们之间的论战不仅仅是通过继承和发展前人思想而来的简单立场和观点的交锋，更是有强大理论体系为支撑，内含了理性分析、情感倾向、价值判断和事实关怀的法律观的较量。

正如哈特在《法律的概念》前言中所说："我希望这样的安排可以消除一种信念，即以为一本有关法理论的书籍，主要就是该书作者介绍自己从其他著作中所获知内容的书籍。只要书的作者持有这样的信念，则法理论这个学科将很难得到推进；而如果

---

① 萨伯．洞穴奇案［M］．陈福勇，等，译．北京：生活·读书·新知三联书店，2009：2.

读者持有这样的信念，则法学理论学科的教育价值将非常小。"①
富勒为自己设定的主要法理学任务则是"使我们免于束缚我们继
受的语言和思想虚假对立的影响"②。哈特与富勒法学理论的原创
性，使得他们之间的对话成为法学领域里具有标志性意义的事
件。所以，不管是国外还是国内，对哈特、富勒论战的研究都可
谓硕果累累。无论是否直接论及双方在"告密者案件"上的争
论，它们对于分析论战的争论点都是有所助益的。

（一）国外研究现状

罗伯特·萨默斯（Robert S. Summers）这样评价哈特、富勒
的论战："他们分别且共同地让我们这个时代的法律理论焕发青
春。在英语世界中，法律理论这一学科的大多数分支研究早在
1940 年就陷入停滞。通过这两位学人的专著与文章，尤其是他们
公开的思想交锋，富勒与哈特不仅促进了该学科的发展，而且激
发了成千上万人的研究兴趣。"③ 萨默斯的评价实际上道出了国外
研究哈特、富勒及其论战的学者为数众多的主要原因。而在这些

---

① H. L. A. Hart. The Concept of Law ［M］. New York：Oxford University Press，1961，
Preface：2.

② Peter Read Teachout. The Soul of the Fugue：An Essay ON Reading Fuller ［J］.
Minnesota Law Revie，（May. 1986），pp. 1078 – 1079. 转引自：邹立君. 良好秩序
观的建构：朗·富勒法律理论的研究 ［M］. 北京：法律出版社，2007：192.
萨默斯这样评价富勒对习惯这一主题的论述："虽然在其有关此主题的实质论述
中，富勒援引了尤金·埃里希与诸如交往社会学家乔治·西美尔之类学者的观
点，然而他针对此主题的洞见仍然不失原创性与重要意义。甚至可以说，他使
得我们的法律概念得以扩展。"参见：罗伯特·萨默斯. 大师学术：富勒 ［M］.
马驰，译. 北京：法律出版社，2010：136.

③ 罗伯特·萨默斯. 大师学术：富勒 ［M］. 马驰，译. 北京：法律出版社，
2010：1.

研究者中，研究或涉猎过哈特法律思想的法学家，不乏当今英美法哲学执牛耳者，如德沃金（Ronald M. Dworkin）、菲尼斯（John Finnis）、瓦卢桥（W. J. Waluchow）、科尔曼（Jules Coleman）、拉兹（Joseph Raz）、麦考密克（Neil MacCormick）等人。他们要么继续哈特的脚步，推进了哈特法律理论所涉问题的研究，要么通过批判哈特的法律理论，构建自己的法律理论体系。与此同时，研究富勒法律思想的学者也不乏学术大家，美国法学家萨默斯的《大师学术：富勒》（*Lon L. Fuller*）就实现了对散见于各处的富勒法律思想的重构。

无论是研究哈特的学者，还是研究富勒的学者，都不会在对两者论战的描述和分析上吝啬笔墨。即使只是对论战双方观点的罗列、分析、评论，或者把分析论战作为途径，深入研究、探析和重构各方的法律理论体系，都会为分析论战本身提供养料，从而在深度和广度上推进对哈特、富勒论战的研究，进而有助于对双方"告密者案件"争论的研究。

国外学者们对哈特、富勒"告密者案件"争论的看法，可谓仁者见仁、智者见者。在转型期，道德与法律的冲突尤为突出，面对各种价值难以权衡的情况，法官们努力地在解决疑难案件的过程中寻求着司法的正义。对于同样的问题，学者们各有偏重，表达自己认为实现正义的方案也就不足为奇了。他们基于自己的理论立场从不同角度对哈特、富勒"告密者案件"之争做了分析和评价，如德沃金就直接批判哈特的理论忽视了法律中存在的原则，分析了原则在处理疑难案件时如何发挥作用，并针对"善良违法"现象做了自己的解读。莫里森（Wayne Morrison）也认为，在争论中"哈特的断言很成问题"。哈特的基本立场要求人们在认可纳粹恶法法律身份的前提下，对纳粹恶法持有道德批判的意识，从而做出不服从该法的选择，事实上这是很难做到的。"在受到严重干预的、官僚式的现代生活条件下，行为的现实是，结构性的决策条件使道德反省和便利的问题极其困难。"他以大屠杀中现代官僚政治和现代技术对"道德安眠剂"的获得，促进了大屠杀在技术管理上的成功来证明这一点。多伦多大学法律和哲学教授大卫·迪森豪（David Dyzenhaus）教授则认为，哈特、富勒有关"告密者案件"的论争是鉴于被他称作理论层次和基础层次两者连接点上的关于司法职责的争论，即法律理论的司法解释层次和合法性自身所要求的司法解释层次两者连接点上的论争。基础层次的观点会对理论层次上的观点造成影响。而在克莱姆森大学哲学副教授伍斯特（Daniel E. Wueste）看来，"哈特与富勒之争是一场关于采用两种概念形式的实际后果的争论"①，进而我们可以得出的结论是：双方在"告密者案件"上的争论同样是"两种概念形式的实际后果的争论"。

　　学者们在"告密者案件"这一争点上的各种观点和解读，要么为审视哈特、富勒"告密者案件"之争提供了新的思路，要么为沿着已有理路做进一步研究创造了条件。同时，也为我们展示

---

① Daniel E. Wueste. Fuller's Processual Philosophy of Law ［J］. Cornell Law Review, 1986（09）：75.

了转型期实现司法正义的复杂性。

就研究文献而言，目前国外研究哈特的文献可谓汗牛充栋，有学者发出了这样的感慨："客观地说，搜集全世界所有研究哈特的文献几乎已无可能，甚至连简单介绍已经所知的哈特研究文献亦无可能。"① 其实，研究富勒的文献何尝又不是如此。富勒在《法律的道德性》第二版中列举的针对该书的评论性文章多达46篇，就算把富勒搜集这些文章的时间延续到《法律的道德性》再版的1969年，距今也已40余年，于研究者来说，同样很难全面概括与把握所有有关对富勒法理论、法思想研究的文献与资料。②研究哈特、富勒法律思想的文献几乎都会涉及对论战的研究，再加上专门研究论战的资料，要掌握所有国外研究"哈富论战"的文献更是不可能完成的任务了，进而要收集研究双方"告密者案件"之争的所有资料也就几乎无法做到了。

但是，即使无法面面俱到，对于研究哈特、富勒"告密者案件"争论而言，他们本人的论著是必需的文献，其中最为根本的

---

① 支振锋. 百年哈特——哈特法律思想及研究的主要文献 [J]. 法律文献信息与研究，2007（2）：23.

② 有学者在2010年研究富勒法律思想的博士论文中提及，国外对于富勒的书评类文章有160余篇，同时也承认"在讨论相关问题时对富勒思想有所论述的文章更是多得无法细细统计。"参见：王家国. 作为目的性事业的法律——朗·富勒法律观研究 [D]. 长春：吉林大学，2010：7-8. 在笔者看来，用富勒在说明阻碍自己对批评者做出回应的主要因素时所讲到的一段话，可以从侧面证明要把握目前西方法学界所有有关其法理论、法思想的研究文献是多么的困难，他说："最后一个阻碍性的因素乃是书评的惊人数量以及其中所反映的观点的多样性，还不用说1965年4月2日的一次专门针对本书而召开的讨论会的论文以及一些涉及更宽泛主题的论文中所包含的对本书的附带评价。"参见：朗·L. 富勒. 法律的道德性 [M]. 郑戈，译. 北京：商务印书馆，2005：217-218.

就是由论战催生的两本专著：哈特的《法律的概念》与富勒的《法律的道德性》。① 除此之外，国外一些研究哈特、富勒法理论和"哈富论战"的关键性二手文献，也是必不可少的，它们代表了目前在该领域进行的权威性研究。如不久前翻译为中文出版的两部重要二手文献就是此领域的重要研究资料：一本是哈特弟子麦考密克所著《大师学术：哈特》（*H. L. A Hart*），在书中麦考密克对哈特的法理论、法思想给予了整体性的解析，包括哈特在法律推理、自由裁量，法律规则、权利义务、法律与道德的关系等方面的理解和看法，同时给予了"建设性的批判和创造性的发展"，使哈特的法理论更加完善，更具说服力；另一本是萨默斯所著《大师学术：富勒》（Lon L. Fuller），由于富勒从未系统地发展自己的观点，萨默斯力求围绕一些核心论题，把富勒散见于各处的观点、理论进行重构，并以一种认同式的态度对其进行概括和阐释。萨默斯在《大师学术：富勒》序言中说道，此书是在麦考密克所著《大师学术：哈特》完稿之后旨在与之配套的一本书，这很好地反映出哈特与富勒由论战而来的、在学术上的紧密关系。这两本权威的学术文献自然也涉及对"哈富论战"的分析，并为进一步研究哈特、富勒在"告密者案件"上的争论提供了非常重要的养料。

---

① 对于两位论战主角的其他著作请参阅本文的参考文献。

（二）国内研究现状

在国内，有关论述西方法律思想或西方法理论的书籍大多都不会漏掉对哈特和富勒法理论的介绍，也会涉及他们的论战甚至提及"告密者案件"。① 但受语言障碍、文化背景等因素的影响，国人并没有很好地挖掘其中的价值。也许是哈特的法律思想更受国内法学界青睐——作为新分析法学的代表人物，其法理论为法学作为一门独立的学科，拥有一块学科的自留地提供了理论支持②，再加上其理论本身的合理因素，哈特的著作和专门介绍哈特法理论及哈特本人的外文书籍被大量译为中文在

---

① 如：沈宗灵. 现代西方法理学［M］. 北京：北京大学出版社，1992；徐爱国，李桂林，郭义贵. 西方法律思想史［M］. 北京：北京大学出版社，2002；张乃根. 西方法哲学史纲［M］. 北京：中国政法大学出版社，2002；徐爱国，王振东主编. 西方法律思想史［M］. 北京：北京大学出版社，2003；徐爱国. 分析法学［M］. 北京：法律出版社，2004；鄂振辉. 自然法学［M］. 北京：法律出版社，2004；张文显. 二十世纪西方法哲学思潮研究［M］. 北京：法律出版社，2006 等书籍，在对西方法律思想和法律理论进行介绍和论述时，基本都涉及了哈特、富勒的法理论与法思想和他们的论战。

② 实证主义者提出并极力坚持"分离说"，其最直接、也最明显的目的或动机在于法律理论研究的科学性。他们通过"分离说"所追求的正是社会科学理论之基础的客观性……法律的理论研究能否具有客观性和科学性，这既是一个关系到法学能否具有作为一门独立学科的资格的问题，同时也关系到法学理论家职业正当性的问题。参见：孙笑侠，麻鸣. 法律与道德：分离后的结合——重温哈特与富勒的论战对我国法治的启示［J］. 浙江大学学报（社会科学版），2007，37（1）：146.

国内出版①，为国人了解和认识哈特的思想创造了条件。与此形成鲜明对照的是，富勒的著作和专门介绍富勒法律思想的中文译本屈指可数。② 一繁一简的格局使得国内学者对"哈富论战"双方观点的评价出现了一边倒的趋势：由于对哈特法理论研究的逐

---

① 如《法律的概念》国内现已有两个译本，分别是：H. L. A. 哈特. 法律的概念 [M]. 张文显，等，译. 北京：中国大百科全书出版社，1995；H. L. A. 哈特. 法律的概念 [M]. 许家馨，李冠宜，译. 北京：法律出版社，2006。已经译为中文的哈特著作还有：H. L. A. 哈特. 惩罚与责任 [M]. 张志铭，等，译. 北京：华夏出版社，1989；H. L. A. 哈特. 法理学与哲学论文集 [C]. 支振锋，译. 北京：法律出版社，2005；H. L. A. 哈特，托尼·奥诺尔. 法律中的因果关系 [M]. 张绍谦，孙战国，译. 北京：中国政法大学出版社，2005；H. L. A. 哈特. 法律、自由与道德 [M]. 支振锋，译. 北京：法律出版社，2006。而国人对哈特的研究起步也很早，《法律的概念》出版的第二年周子龙先生即撰文《哈特：〈法律的概念〉》，后来又同辛格一起发表《论哈特的两类规则和其一说》，两篇文章分别载于《国外社会科学文献》，1962（3）和《国外社会科学文献》，1963（9），参见：支振锋. 驯化法律：哈特的法律规则理论 [M]. 北京：清华大学出版社，2009：10. 介绍哈特法理论和哈特的外文译本有：妮古拉·莱西. 哈特的一生：噩梦与美梦 [M]. 谌洪果，译. 北京：法律出版社，2006；尼克·麦考密克. 大师学术：哈特 [M]. 刘叶深，译. 北京：法律出版社，2010.

② 现今国内有关富勒著作的中文译本仅有：朗·L. 富勒，小威廉 R. 帕杜. 合同损害赔偿中的信赖利益 [M]. 韩世远，译. 北京：中国法制出版社，2004；朗·L. 富勒. 法律的道德性 [M]. 郑戈，译. 北京：商务印书馆，2005。介绍富勒法理论的外文译本有：罗伯特·萨默斯. 大师学术：富勒 [M]. 马驰，译. 北京：法律出版社，2010。萨默斯对富勒法理论缺陷的分析，也许为我们提供了富勒著作至今在国内翻译出版依然不多的原因之一："作为在程序理论上卓有建树的法学家，富勒没有将所有内容写进同一本书；没有发展出一套完整的法律程序一般理论；更没有发展出一套'程序价值'的一般理论。"参见：罗伯特·萨默斯. 大师学术：富勒 [M]. 马驰，译. 北京：法律出版社，2010：185－188. 另外，郑戈认为富勒预言式的古典写作风格，也是其影响力不及哈特的原因："富勒是这种风格的现代继承人，他以古典的方式授课和写作，在这方面，他比自己的时代古老，没有'与时俱进'，或许这也是他的影响力不及其对话者哈特的原因之一。"参见：高全喜. 从古典思想到现代政制：关于哲学、政治与法律的讲演 [C]. 北京：法律出版社，2008：573.

渐深入，人们不单认识到哈特在与富勒论战中所持的思想立场，并且能够透析支撑这些观点的相关法理论，从而使以哈特为代表的法律实证主义者的思想，经常被冠以清晰、明了，甚或更为审慎、稳妥、巧妙之名。① 而富勒则没有这么幸运，由于其中文译著较少，国内学者大多只是对富勒的观点有所了解，缺乏对支持这些观点的理论体系的进一步研究，极易导致对富勒法律思想的误读。如有学者言，对于富勒思想的研究而言，缺乏某种视界的引导，缺乏某种对于富勒思想的整体性理解，那么，很可能会造成不是失之偏颇而语焉不详就是失之具体而语无境界的局面。② 对支撑两位法学家观点之理论体系的了解、认识和研究的不对称，阻碍着国内研究者对"哈富论战"的认识，再加上研究重点、研究兴趣的偏移，使得国内研究哈特、富勒"告密者案件"争论的成果在理论深度上有所欠缺。

长期以来，国内学者针对哈特、富勒"告密者案件"争论的研究，大多遵循对双方就此案件提出的解决方案具有的法律效果进行分析与评价，进而对解决方案本身进行分析与评价的单一路径。即要么站在哈特的立场上分析案件，批判富勒的方案，赞成哈特方案的优越性；要么与富勒同举一面旗帜，批判哈特的方案，赞成富勒方案的优越性；甚或对双方在"告密者案件"上的

① 笔者在这里旨在事实和现象的陈述，并非要对这些观点做任何的评价或价值判断。

② 邹立君. 良好秩序观的建构：朗·富勒法律理论的研究［M］. 北京：法律出版社，2007：117.

争论做一个叙述和介绍；乃至从双方的观点中择优而赞之；择劣而批之；更深入一点的学者通过分析、评价哈特、富勒的方案或许会强调双方在此争点上共同具有的现代性的"法律意识形态"。

　　赞成哈特方案的人有强世功，他认为"恶法非法"作为认识问题，无法在行动中消解"恶法"的现实力量。所以，"哈特的态度无疑是一种更为真实或者说现实的态度"。同时，通过分析他强调，哈特与富勒的论战"不过是现代性法律以反讽的方式展开的一次表演"；谌洪果在《哈特的法律实证主义：一种思想关系的视角》中认为，哈特一方面认可纳粹恶法的法律身份，另一方面又主张用溯及既往的立法来惩罚告密者，其两难选择"不仅是在承认法律和道德分离的前提下承认人们在道德问题上的专断和无知，而且这种选择还意味着承认人们对规则秩序的认识具有不可超越的限度：规则必然是既定情形下的规则"①，"社会对规则的接受不仅是出于道德，还出于恐惧、迷信、惰性等"②，进而可以判断富勒在这个问题上犯了"历时性的错误"。与强世功相反的是，通过对哈特、富勒的立场、方案的分析、评价，谌洪果强调了在此争点上双方体现出的、用法律方式与过去决裂而塑造

---

① 谌洪果. 哈特的法律实证主义：一种思想关系的视角［M］. 北京：北京大学出版社，2008：111.
② 谌洪果. 哈特的法律实证主义：一种思想关系的视角［M］. 北京：北京大学出版社，2008：112.

的现代性的"法律意识形态"对我们的积极意义。①

赞成富勒方案的人有柯岚,她在《告密、良心自由与现代合法性的困境——法哲学视野中的告密者难题》一文中认为,哈特方案是站在战胜国立场上,主张用立法来解决问题,旨在"维护国际新秩序",未考虑到修护德国"断裂的合法性";而富勒的方案主张通过司法来解决问题,"考虑到了审查纳粹法律合法性的问题"。所以,在面对"纳粹合法性中断"这个真实的道德与法律困境时,富勒比哈特更坦率。

路径的单一往往剥夺了研究者对研究对象进行深入、全面理解的机会,同时遮蔽了研究者透析研究对象本质的眼睛。在研究"哈富论战"时,学者们更多地把双方围绕"告密者案件"发生的争论,当作了他们对实证主义法理论立场的优越性与自然法理论立场的优越性在一个"真实"案件中的实践验证,进而仅仅把"告密者案件"看成了论战当事人进行理论立场效果比拼的场所。即使跳出了论战双方言词纠葛的学者,也只是强调了论战双方所强化的"法律意识形态"。他们没有看到哈特、富勒"告密者案件"之争所折射出的、随着论战的推进双方逐渐完善和成熟的法

---

① 除上述两人外,刘杨也对哈特方案欣赏有加:"在纽伦堡审判这个更具历史意义的案件时,法律所面临的难题实际上与告密者案件是一样的。在处理此类道德—法律难题时,法律实证主义的深刻思考和良苦用心是毫不逊色于自然法学派的,在某种意义上它显示了比自然法学派更为复杂、审慎的考虑和更为稳妥、巧妙的处理手法:它既要在处理结果上符合人类的道德正义原则,同时又要维护法律的权威。"参见:刘杨. 法律正当性观念的转变:以近代西方两大法学派为中心的研究 [M]. 北京:北京大学出版社,2008:183 – 184.

律理论，进而很难对争论本身做出更准确的判断与评价。同时，这样做也无法展示转型期处理疑难案件，寻求司法正义的复杂性，因为它遮蔽了法官就转型时期疑难案件所做的判决实际上是各种立场、理论和现实等多种因素博弈的结果的事实，从而阻隔了我们从两位伟大法学家对转型期司法正义的追寻中获取经验、吸取教训的路径。

就研究文献而言，近几年，国内对研究哈特、富勒"告密者案件"之争直接或间接地有所助益的研究成果主要有以下几类。

1. 以论战为研究对象的著作

如强世功所著《法律的现代性剧场：哈特与富勒论战》。该书可谓国内专门研究"哈富论战"的经典之作，其观点也为国内研究此论战或哈特、富勒法律思想的学者广为引用。① 作者把法社会学的方法运用于写作之中，将论战置入一个大的背景，从政治因素、法律职业形成等方面对法律实证主义的产生做了深入分析，并从宏观上对论战做出定性判断，在此框架下，对论战中双方的理论和观点进行了剖析和评论。

熊毅军所著《论现代西方法理学的三大论战：基于古今之争

---

① 《法律的现代性剧场：哈特与富勒论战》一书也不乏针锋相对的批评者。而麦考密克在评论《法律的概念》时讲过："像所有伟大的作品一样，它很明显是可以被批评的，并且它的重要性至少一定程度上源于它引发的批评。"参见：尼克·麦考密克．大师学术：哈特［M］．刘叶深，译．北京：法律出版社，2010：17. 所以，《法律的现代性剧场：哈特与富勒论战》拥有一批批评者的事实，并不能削弱它的影响，只能更好地从反面印证了该书的分量。需要强调的是，在这里，我并不是要把《法律的现代性剧场：哈特与富勒论战》推到与《法律的概念》同样的高度，而只是借麦考密克之语推导自己的观点。

立场的审视》。作者从施特劳斯开启的古今之争的视角审视 20 世纪西方法理学的三大论战，认为包括"哈富论战"在内的西方三大论战只是现代政治科学的内部纷争，进而以此为基点分析了三大论战存在的局限及其启示，并通过对三大论战的局限性作史前史分析和反思的方式，分析和反思了整个现代性的局限。

2. 研究富勒法律思想的著作

如邹立君所著《良好秩序观的建构：朗·富勒法律理论的研究》。此书是在作者博士论文的基础上修改而成。通过大量借鉴英美法学家对富勒法律思想的认识、分析和评论，深入解析富勒的著作和法理论，包括对"哈富论战"的分析，展示了以良好秩序观为主线的富勒法律思想体系。

3. 研究哈特法律思想的著作

如谌洪果所著《哈特的法律实证主义：一种思想关系的视角》。鉴于哈特在法律思想史上举足轻重的地位和其治学特点，作者从思想关系和源流的视角对哈特的法律思想进行了分析与解读，结合思想背景、知识场域，梳理和呈现出哈特对于法律的理解与认识。

又如支振锋所著《驯化法律：哈特的法律规则理论》。作者试图抛弃从自然法与法律实证主义争论的老路来分析哈特法理论，以问题为主线，通过对"什么是法律"和"为什么遵守法律"两个法律元命题的追问，梳理和重述了以规则论为核心的哈特法理论，并着力论述了后世法学家对哈特法理论的推进与发展。

**4. 以法律实证主义为研究对象的编译书籍**

编译类文献搜集的文章虽为国外研究者所著，但它们都是由国内编译者依据一定的主线或一定的目的，在众多研究成果中精心挑选出来的。所以，在某种程度上可以说，编译类文献是国内编译者对国外研究成果再加工基础上形成的具有一定新意的学术成果。基于此，本书将编译类文献放在国内研究文献部分加以介绍。

由陈锐编译的《法律实证主义：思想与文本》和《法律实证主义：从奥斯丁到哈特》是国内此类文献较为典型的代表。《法律实证主义：思想与文本》围绕"什么是法律实证主义"的问题，将一些著名的英美法学研究者在此方面的研究成果，以编译的方式呈现出来，其中不乏论及哈特法律思想的内容，甚至还包括哈特 1957 年在《宾夕法尼亚法律评论》（*University of Pennsylvania Law Review*）上发表的论文《20 世纪中期的分析法学：对博登海默教授的回答》（Analytical Jurisprudence in Mid – Century：A Reply to Professor Bodenheimer）。《法律实证主义：从奥斯丁到哈特》所选文章均来源于国外权威法学刊物，展示了法律实证主义的成长过程。该书对奥斯丁、凯尔森以及哈特都有精彩的论述，内容甚至涉及哈特弟子对其思想的诠释和其论敌的批判，是研究法律实证主义和哈特法律思想的重要文献资料。

**5. 书评文集**

如由邓正来主编的《西方法律哲学书评文集》。此书收集了部分学者对西方法学理论经典著作所写的书评，包括对富勒的

《社会秩序原理》（*The Principles of Social Order*）、《反身自问的法律》（*The Law in Quest of Itself*）、《解析法律》（*Anatomy of the Law*）、《法律的道德性》和哈特的《法律的概念》写的书评。其中《社会秩序原理》《反身自问的法律》和《解析法律》都还没有中文译本出版，此书为国内学者整体了解富勒的法理论、法思想创造了条件。

6. 论文

国内研究哈特法律思想的论文比较多，研究富勒法律思想的论文相对较少。截至 2011 年 8 月 27 日，中国知网（CNKI）收集的研究哈特法律思想的期刊论文有 237 篇，博士论文有 10 篇，硕士论文有 118 篇；研究富勒法律思想的期刊论文有 46 篇，博士论文有 3 篇，硕士论文有 16 篇。应该说，这些文献或多或少对研究哈特、富勒"告密者案件"之争都有所助益，其中有几篇文章，对于推进该主题的研究帮助极大。它们是：《法律的正义性价值——从富勒的两则虚拟案例谈起》，林海著，刊载于《学海》2007 年第 5 期；《哈富论战、拉德布鲁赫公式及纳粹法制谜案》，林海著，刊载于《南京大学法律评论》（2008 春秋合卷）；《"哈富论战"的规则观与法治径路的争议——自"告密者案件"而始的理论回溯》，林海著，刊载于《学海》2008 年第 6 期；《拉德布鲁赫公式的意义及其在二战后德国司法中的运用》，柯岚著，刊载于《华东政法大学学报》2009 年第 4 期；《拉德布鲁赫公式与告密者案——重思拉德布鲁赫—哈特之争》，柯岚著，刊载于《政法论坛》2009 年第 5 期；《告密、良心自由与现代合法性困境——法哲学视野中的告密者难题》，柯岚著，刊载于《法律科学》2009 年第 6 期。

　　笔者也希望在摆脱国内研究哈特、富勒"告密者案件"之争的传统套路，克服既有思维惯式带来的障碍之基础上写就的本书，对推进国内在这一主题上的研究有所助益，同时也多少能够为正在探寻转型期如何实现司法正义的研究者们，提供可供参考与借鉴的理论资源。

### 三、理论与案件转换思考的研究思路

　　研究思路或研究视角的独特性和合理性，往往决定了研究者研究成果的独特性与合理性，决定了该项研究的价值所在。新的研究视角和研究思路往往给研究者带来洞穿夜障的勇气——因为当研究者寻找到这二者时，面对研究对象往往有豁然开朗的感悟，这种感悟将鼓励研究者在面对浩如烟海的、针对同一对象的研究成果时，能够拿出勇气开始自己的认识与探索之旅。本文的写作正是基于新的研究思路，从一个新的视角分析和评论哈特、富勒"告密者案件"之争。

　　（一）传统的分析进路：从理论的立场审视案件

　　在分析哈特、富勒就"告密者案件"的争论时，大多数学者会基于哈特的实证主义立场认为，他是为了扭转自然法思想在《哈佛法律评论》对"告密者案件"的报道中获得的完胜局面，"正面捍卫分析法学和法律实证主义"，才引入了该案并展开讨论。这样的思路当然没问题，但它只展示了哈特引入"告密者案

件"希望达到的目的，要实现扭转局面的目标需要一个过程。哈特必须对自然法理论与实证主义法理论分别实用于"告密者案件"后的效果做一个论证和比较，证明用实证主义法理论来解决转型期这一疑难案件，比自然法理论能更好地实现司法正义后，才能达到上述目的。也就是说，他需要通过展示实证主义法理论处理"告密者案件"的效果优于自然法理论的效果这一对实证主义法理论优越性实践验证的过程，才能扭转《哈佛法律评论》对"告密者案件"的报道中不利于实证主义法理论的局面。这样，让实证主义法理论与自然法理论进行实践效果的比拼，也就顺理成章地成了哈特在《实证主义与法律和道德的分离》中引入"告密者案件"的必然后果和给人的第一印象。而论战的另一方富勒也是就事论事地予以回击，就该问题的论述，其言辞给人的印象同样不亚于双方法理论立场实践效果的比拼。这些在论战的每一个阶段都得到了印证。

首先，哈特引入"告密者案件"是一个被动之举。在第二次世界大战前被认为是实证主义法学家的拉德布鲁赫（Gustav Radbruch）在二战后被认为立场发生了转向，而拉氏的"转向"被看作是自然法复兴的标志性事件之一。为了"正面捍卫分析法学和法律实证主义"，哈特顺理成章地把矛头指向了这位法律实证主义阵营中具有不小影响力的"叛逆者"。

在对拉德布鲁赫的"批判"中，哈特注意到了在其"转向"后法理论对现实的塑造力量。拉氏提出的处理德国转型期疑难案件的方案，被后来的学者称作"拉德布鲁赫公式"（Radbruch

Formula)。该公式在当时德国司法界得到了广泛运用。哈特用于霍姆斯讲座演讲的论文《实证主义与法律和道德的分离》用这样一段话作为引入对"告密者案件"分析的前奏曲:"为了评估拉德布鲁赫修订法律与道德相分离之关系的诉求,我们不能只是停留在学术的讨论上。战后,拉德布鲁赫包含基本的人道主义道德原则的法律观被德国法院适用于某些案件的审判中,其中纳粹统治下的一些国内战犯、间谍和告密者受到了惩罚。"① 紧接着在文中,他就展开了对《哈佛法律评论》第 64 卷报道的"告密者案件"的讨论。哈特把该案当作德国法院适用拉德布鲁赫战后法理论审判案件的典型加以分析,对其带来的"负面"效果进行了批判,对适用实证主义法理论审判案件的"优越性"给予了论证。此时,"告密者案件"第一次成了法理论实践效果的验证场。

在霍姆斯讲座上"像一头饥饿的狮子一样在演讲厅的后面踱来踱去"的富勒,当然不会只是以此种形式表达自己的不满。在《实证主义和忠于法律:答哈特教授》中,他提出了针锋相对的意见,用如下立场鲜明的语言表达了自己的态度:"我要为德国法院辩护,并说出理由,在我看来为什么他们的判决并不代表着如哈特所认为的那样,是对法律原则的抛弃。"② 在经过一系列对纳粹法律的评论后他说:"这些评论在一般性上看起来并不确定,

---

① H. L. A. Hart. Positivism and the Separation of Law and Morals, Harvard Law Review, Vol. 71 (1958), p. 618.

② Lon L. Fuller. Positivism and Fidelity to Law——A Reply to Professor Hart, Harvard Law Review, Vol. 71 (1958), p. 649.

它们太多地依靠论断而非证明性的事实。现在让我们立刻转向哈特教授讨论的一个真实案件"① 从而开始了他对"告密者案件"的分析。由此，实证主义法理论与自然法理论在一个典型案件中展开了较量。

在 1961 年出版的《法律的概念》中，哈特以较少的笔墨再次分析了实证主义法理论和自然法理论应用于"告密者案件"后效果的优劣，强调了实证主义法理论的优越性。② 他注意到了帕普发表的《论纳粹时期司法判决的效力》就《哈佛法律评论》对"告密者案件"错误报道做的论述。如前面所说，哈特以注释的形式提及此事，承认帕普的论述是有根据的，自己的观点只能建立在对假设性案件的讨论之上。

而在 1964 年出版的《法律的道德性》中，富勒在以纳粹统治下公民们的困境进一步恶化为例，描述合法性发生严重败坏的情形时，以注释的形式提及了"告密者案件"。他也谈到了帕普的文章，极力淡化其对自然法理论造成的负面影响，捍卫自然法理论在《哈佛法律评论》所报道的"告密者案件"中获得的完胜地位。

---

①　Lon L. Fuller. Positivism and Fidelity to Law—A Reply to Professor Hart, Harvard Law Review, Vol. 71（1958），p. 652. 虽然富勒分析"告密者案件"的首要原因是论战对手哈特引入了对该案的评论，富勒与哈特针锋相对，但这句话表明，富勒讨论"告密者案件"的出发点就是要为自己的评论进行事实性的证明，这是一种验证理论效果的方法，这样就进一步把"告密者案件"塑造成了论战双方法理论效果的验证场。

②　See：H. L. A. Hart. The Concept of Law, New York：Oxford University Press, 1961：207.

1965 年，哈特撰写的书评《朗·L. 富勒：〈法律的道德性〉》再次围绕 "告密者案件" 结合遵守法律的道德义务这一主题与富勒展开了争论，就富勒在《法律的道德性》中有关 "告密者案件" 的论述发表了不同的看法。①

富勒在 1969 年再版后的《法律的道德性》中增加了第五章——"对批评者的回应"，其中没有针对 "告密者案件" 的论述。也许是对 "事情越辩越明" 真理性的印证，在 "对批评者的回应" 一章中，富勒认为自己与哈特在理论和观点上存在的争论是建立在双方 "出发点" 的差异上的。② 他觉得自己找到了与哈特的根本分歧所在，于是对双方争论中未言明的、作为各自法理论基础的思想前设加以澄清。此时，对理论前设本身的分析完全压倒了理论效果的较量，"告密者案件" 的缺席也就成了顺理成章的事情。这从反面进一步加深了人们心目中的这种印象：双方就 "告密者案件" 的争论只是验证各自法理论的实践效果。

正如伍斯特所说，"实质上，富勒与哈特之争是一场关于采

---

① See：H. L. A. Hart. Essays in Jurisprudence and Philosophy ［M］. Oxford：Clarendon Press，1983：354 – 355.

② 正如富勒所说，促使他认识到自己与哈特之间的争论是建立在双方 "出发点" 的差异上，由此使他开始澄清在辩论中双方未言明的思想前设的人正是哈特。哈特在《朗·L. 富勒：〈法律的道德性〉》中是这样说的："可是这样说时，我也为一种担忧所折磨，那就是我们在法理学上的出发点与兴奋点是如此不同，以至于作者与我也许注定不会理解对方的作品。"See：H. L. A. Hart. Essays in Jurisprudence and Philosophy ［M］. Oxford：Clarendon Press，1983：343.

用两种概念形式的实际后果的争论"①，哈特为理论上的"利益"引入了"告密者案件"，案件必须为理论服务。富勒也为了理论上的"利益"与哈特争论"告密者案件"，同样，案件需要为理论服务。双方的出发点都是各自的法理论，都是从维护理论的立场出发，以自己法理论的视角思考案件，即先有理论立场的前设，从理论立场出发来型构案件的解决方法。

学者们为了分析哈特与富勒的论战才关注"告密者案件"，他们在分析双方围绕该案发生的争论时，往往无意识地把它看作是由哈特引入争论后的言辞中的案件，消解了案件的实体性。于是，从论战双方的理论视角出发，即为理论立场辩护的思路出发思考案件，也就顺理成章地成为大多数学者在分析哈特、富勒论战时，谈论"告密者案件"所选择的路径。进一步说，他们当然会沿着哈特、富勒的思路，把对"告密者案件"的分析当作论战双方验证各自法理论立场实际效果优劣的场所。

随着论战的不断深入，争论双方的理论也逐渐丰满、成熟，而成为体系。哈特与富勒都慢慢地从一种法学流派理论立场的表达，转换为对自己法理论的陈述；从急于验证自己理论、观点和立场优越性的心态，转换为进行理论建构的心平气和的心态。他们都逐渐花更多的笔墨去阐述自己的法理论。此时，"告密者案件"作为法理论立场效果比拼场所的用武之地开始缩小，论述

---

① Daniel E. Wueste. Fuller's Processual Philosophy of Law [J]. Cornell Law Review, 1986 (09): 75.

"告密者案件"的篇幅也越来越少。①

　　所以，大多数论者在讨论"告密者案件"时都把注意力集中在哈特、富勒就该案的第一轮交锋上，即重点分析双方在《实证主义与法律和道德的分离》和《实证主义和忠于法律：答哈特教授》中发生的有关"告密者案件"的争论。这样做的后果是容易割裂哈特、富勒就"告密者案件"的论述与他们各自法理论间的联系。

　　事实是——支撑他们论述"告密者案件"时的立场与观点的是其逐渐成熟、丰满和明晰起来的法理论。也就是说，从理论的立场分析案件，不单单是分析双方法理论立场运用于"告密者案件"后效果的优劣，它首先意味着对支撑双方在"告密者案件"上所持立场和观点的，随着论战的推进而逐渐丰满、成熟起来的法理论的认识和理解。只有这样，才能把握双方"告密者案件"之争的来龙去脉。对于研究者来说，在论战早已结束的今天，更有条件去把握哈特、富勒在论战中逐渐形成的法理论和法思想，从而能更好地理解和分析他们在"告密者案件"上的争论。

　　虽然哈特、富勒讨论"告密者案件"的初衷是捍卫实证主义法理论与自然法理论的立场和观点，但是"告密者案件"本身却是德国由纳粹国家向法治国转型的过程中法官需要解决的一个疑

---

①　如果不是帕普指出了《哈佛法律评论》对"告密者案件"的错误表达，哈特以注释的方式提及了此事，富勒也许在《法律的道德性》中根本不会提及"告密者案件"。随即可以怀疑哈特就《法律的道德性》撰写的书评《朗·L. 富勒：〈法律的道德性〉》对"告密者案件"的论述，还能否占有它目前占有的篇幅，如果不是完全不提及它的话。

难案件。所以，"哈富论战"的双方在此案上的争论不单单是有关立场、观点和理论之争的问题，更是个司法实践的问题。《哈佛法律评论》对"告密者案件"的错误报道，导致他们把争论建立在了一个虚假的案件上，双方最终未能得出与德国法院解决案件的真实方案一致的方案。这样的事实为认识和解读他们在"告密者案件"中的争论提供了一种新的思路，开辟了一个新的视角，可以称为"从案件的立场审视理论"的思路。

（二）基于司法实践的新视角：从真实案件的立场审视理论

对于论战有整体把握的人来说，从理论的立场思考案件，需要在深入理解和掌握论战中哈特、富勒逐渐丰满、成熟起来的法理论和法思想的前提下，从他们的法理论立场出发来解读和分析"告密者案件"。通过比较双方自然法理论与实证主义法理论实用于案件后的效果，验证和比较双方法理论的优越性。此时，哈特引入的"告密者案件"作为论战双方争论的焦点，最大的作用就在于验证理论的优越性。论战呈现的画面是：哈特反面利用该案，旨在批判《哈佛法律评论》报道的，德国法院反实证主义法理论的观点和对案件的解决方法；富勒则是正面赞誉德国法院的选择，极力维护德国法院的基本观点。所以，从哈特、富勒围绕《哈佛法律评论》报道的"告密者案件"发生的争论出发，反思论战双方的法理论必然是在原地打转，割断不了与他们"言辞"①的联系。

　　帕普的文章指出了《哈佛法律评论》对"告密者案件"错误报道的事实，意味着哈特引入了一个与真实的案件有出入的，由《哈佛法律评论》"虚构"出来的"告密者案件"。假设案件与真实案件间的差异，一方面增强了哈特、富勒"告密者案件"之争给人的实用主义印象，另一方面削弱了该案为论战提供的现实性特征，增添了争论的理论色彩。

　　更为重要的是，真实案件与假设案件间的差异，为从案件视角思考与审视论战双方的立场、观点和理论打开了一个缺口。当然，这里的"案件"指的是真实的"告密者案件"。进一步说来，《哈佛法律评论》报道的错误意味着一个与报道不同的案件的存在，从而为评论哈特、富勒的解决方案和法理论提供了一个很好的参照体。

　　哈特与富勒顺着《哈佛法律评论》为他们提供的标靶进行评论和分析，导致双方就"告密者案件"的争论建立在虚假案件上这一事实，一开始就为他们之间的口舌之争埋下了"崩盘"的伏笔，但也仅仅是伏笔而已。真实案件与虚假案件之间存在不小的

---

① 即在前面"研究现状"中谈到的，要么站在哈特的立场上分析案件，批判富勒的方案，赞成哈特方案的优越性；要么与富勒同举一面旗帜，批判哈特的方案，赞成富勒方案的优越性；甚或对双方在"告密者案件"上的争论做一个叙述和介绍；乃至从双方的观点中择优而赞之，择劣而批之；更深入一点的学者至多通过分析、评价哈特、富勒的方案或许会强调双方在此争点上展示了现代性的"法律意识形态"。

差异，并不意味着论战双方就一定会远离真实案件，紧紧围绕虚假案件展开争论。他们可以跳出虚假案件设置的种种障碍，依据自己的立场和理论设想出自己对案件的看法和解决方案，从而有可能靠近真实的案件，甚至与真实的案件保持一致。然而事实是，面对《哈佛法律评论》错误报道的案件，哈特与富勒一个反对德国法院的判决思路和解决方案，一个赞同德国法院的判决思路与解决方案，却自始至终都未能与真实的"告密者案件"中的德国法院站在同样的立场上，取得过观点上的一致，更不用说得出一样的判决思路、拿出相同的解决方案了。虽然哈特反对虚假案件里德国法院做出的反实证主义法理论的选择，依据自己的理论立场和观点设计出了自己的解决方案，但他的立场、观点和由此得出的结论与方案并不与真实案件中德国法院的方案相同。富勒则更是拥护虚假案件里德国法院做出的基本选择，所以也不能指望他与真实案件中的德国法院取得观点上的一致，得出同样的结论。

为什么哈特与富勒未能得出与真实的"告密者案件"中德国法院一样的观点，拿出与其相同的解决方案呢？我们不能仅仅在立场和看法的表面差异中寻找答案，而是要深入分析支撑德国法院和哈特、富勒观点与看法的法理论、法思想以及他们对现实因素的考虑，从更深的层面对问题做出回答。从理论的立场思考案件，能够让我们对哈特、富勒立场、观点背后的法理论、法思想进行剖析。但在这个理路里，真实的"告密者案件"无法显现，也就无法找到前述问题的答案，这是目前国内研究"哈富论战"的学者几乎都忽视了的问题。正如前文所说，也许是被论战当事人极力淡化这一事实的举动所误导，学者们虽然知道《哈佛法律评论》作了错误报道，却没有意识到这一错误报道带来的分析论战的新思路与新视角，从而未能很好地解析哈特、富勒在该争点上发生的争论之本质所在。

　　从案件的立场思考理论，让人有机会超越哈特、富勒的视野，即超越以下几个视角：站在哈特的立场上分析案件，批判富勒的方案，赞成哈特方案的优越性；站在富勒的立场上分析案件，批判哈特的方案，赞成富勒方案的优越性；仅仅对双方在"告密者案件"上的争论做一个叙述和介绍；从双方的观点中择优而赞之，择劣而批之；或强调双方在此争点上展示了现代性的"法律意识形态"。从而以真实的"告密者案件"为基点和参照体，通过分析德国法院做出的真实选择背后深刻的理论和现实原因，并结合"从理论的立场思考案件"的理路中获得的对哈特、富勒法理论的深入了解，分析和评价论战双方围绕"告密者案件"发生的争论本身，进而对"为什么哈特与富勒未能得出与真实案件中的德国法院一样的观点，拿出与其相同的解决方案"这一问题做出回答。这样做不仅是把他们当时所面临的转型时期司法实践无法回避的理论困境重现出来，也能帮助我们进一步认识双方法理论在此问题上的理论力量与不足，进而对双方"告密者案件"之争做出更准确的判断和评价。更为重要的是，分析哈特、富勒"告密者案件"之争偏离方向的原因，将向我们揭示在转型期实现司法正义和探求、型构法律图景的过程中应该避免哪些可能出现的偏见和错误。

# 第一章

## 战后德国司法转向的理论探索
## 与"告密者案件"

二战结束后，战胜国通过纽伦堡审判对主要战犯的罪行进行了追诉，而此次审判还有更为深远的意义。《纽伦堡大审判》（*Nuremberg*：*Infamy on Trial*）的作者约瑟夫·E. 珀西科（Joseph. E Persico）这样评价纽伦堡审判的"首席"公诉人杰克逊："他（杰克逊）现在所处的地位，使他有可能对未来施加影响，未来的侵略战争将不再被顺从地视为极度激化的政治行为，而是将它当作犯罪，将侵略者当作罪犯。"① 杰克逊在纽伦堡审判中发挥的作用所具有的意义也是纽伦堡审判本身具有的意义。我们完全可以把珀西科的评价赋予纽伦堡审判本身，将珀西科评价用语中指涉杰克逊的"他"替换为指涉纽伦堡审判的"它"。纽伦堡审判的深远影响之一就在于它使得"未来的侵略战争将不再被顺从地视为极度激化的政治行为，而是将它当作犯罪，将侵略者当

---

① 约瑟夫·E. 珀西科. 纽伦堡大审判［M］. 刘巍，等，译. 上海：上海人民出版社，2000：32.

*43*

作罪犯"。更为重要的是，纽伦堡审判的意义立马体现在了各占领区进行的后续审判中。通过对纳粹主要战犯进行审判和定罪，纽伦堡审判为各占区认识纳粹时期其他邪恶行为的性质和处理这些行为的方式定下了基调。它开启了通过法律手段来处理纳粹时期罪恶行为的大门。

## 第一节　战后德国司法转向的理论探索

纽伦堡审判结束后，各占区开始了对其他纳粹罪犯的审判工作。[①] 虽然在纳粹德国无条件投降后，战胜国终结了德国的司法系统[②]，盟军当局甚至还考虑将所有德国法庭关闭 10 年，而代之以"殖民"司法系统，以便培养出新一代的法官。[③] 但是，1945年底至 1946 年初，德国司法系统便逐渐恢复了运转，与以前不同的是，它们不再是为纳粹邪恶统治服务的法律工具，而是回到了

---

① 纽伦堡审判结束后，四国占领区都开始了后续审判。西占区包括纽伦堡审判在内共判处了 5025 名被告，其中 806 名被判死刑，486 名被执行。在苏占区，除了军事法庭的审判外，还根据管制委员会 1945 年发布的第 10 号法令通过行政程序进行判决，被执行者总数估计为 45 000 人。参见：柯岚. 拉德布鲁赫公式的意义及其在二战后德国司法中的运用［J］. 华东政法大学学报，2009，65（4）：64.

② 国民法院、特别法院、党卫军警察法院以及其他所有形式的特殊刑事法庭都被剥夺了司法权，在很大程度上移交给盟军。英戈·穆勒. 恐怖的法官纳粹时期的司法［M］. 王勇，译. 北京：中国政法大学出版社，2000：185.

③ 英戈·穆勒. 恐怖的法官纳粹时期的司法［M］. 王勇，译. 北京：中国政法大学出版社，2000：185.

法治的轨道上来，重新开始了对正义的追求。①

## 一、战后德国司法转向的难题

面对大量纳粹暴政造成的待决案件和民间可能出现的私相复仇，恢复后的德国法院首先要做的就是对纳粹时期罪恶行为的清理。正如有学者所说："在纳粹政权覆灭、纳粹价值观遭受国际社会普遍质疑的特殊时代条件下，纳粹法的效力必须重新接受检验，纳粹的统治造成的'法律的不法'，对于纳粹后法官是一个无法回避的法律问题，在这个特殊的过渡时期如何用合乎法治的方式来裁决这些疑难案件，是纳粹后德国法院面临的最大司法挑战。"② 如何妥善处理好清理过程中出现的疑难案件，也就成为战后德国司法能否顺利转向的关键性因素。而当时德国司法系统面临的挑战形式上是疑难的司法问题，实质是疑难的法律理论问题。所以，"如何用合乎法治的方式来裁决疑难案件"也就不仅仅是德国司法系统极力求解的难题，也是德国法学家要努力解答的问题。

拉德布鲁赫是战后德国法学家中寻求回答此问题的典型代

---

① 对于转向前德国司法纳粹化的过程，我将在本文第四章第一节"纳粹政权的'合法化'与德国司法的纳粹化"中进行较详细的论述。

② 柯岚. 拉德布鲁赫公式与告密者案——重思拉德布鲁赫—哈特之争［J］. 政法论坛，2009，27（5）：138.

表，其给出的答案被德国法院广泛采纳，影响极大。① 所以，可以将拉德布鲁赫的战后法理论看作是指导德国法院转向之理论的一侧缩影。以拉德布鲁赫战后思想为线索，能够以点代面地认识战后德国在司法转向过程中处理疑难案件时的理论探索。

英国布鲁内尔大学大卫·弗雷泽（David Fraser）教授将拉德布鲁赫在寻求"如何用合乎法治的方式来裁决疑难案件"这一问题之答案的过程中所做的理论推理、立场证立概括为"拉德布鲁赫争辩"（Radbruch Debate），具体指涉拉氏对战后德国法院就"普特法尔肯告密案"及其相关案件，以及一个性质相反的案件——"前纳粹士兵逃亡途中射杀纳粹巡警被免于追诉案"所做判决进行的分析与评论，和针对这些案件提出的认为合理的解决方案。所以，"拉德布鲁赫争辩"实质是拉氏就战后德国在司法转向过程中需要解决的疑难案件，在考虑当时多方面的诉求后，寻求最妥善、最周到的方法实现司法正义的努力。拉德布鲁赫的这些思想集中体现在其被学者称为"20 世纪法哲学中最重要的文本之一"② 的《法律的不法与超越法律的法》（*Gesetzliches Unrecht*

---

① 拉德布鲁赫《法律的不法与超越法律的法》问世之后，拉氏为解决战后疑难案件提出的"拉德布鲁赫公式"多次被德国法院运用。See：Thomas Mertens. Radbruch and Hart on the Grudge Informer：A Reconsideration, 15 Ratio Juris, 2002：190.

② Thomas Mertens, Nazism. Legal Positivism and Radbruch's Thesis on Statutory Injustice, 14 Law Critiq, 2003：277.

*und übergesetzliches Recht*）① 中。正是这篇著作为我们认识和理解战后德国司法转向的理论探索提供了一条捷径。

## 二、对《法律的不法与超越法律的法》的简要分析

《法律的不法与超越法律的法》是一篇写于 1946 年的短文，文章开篇拉德布鲁赫就阐述了他所认为的，于过去许多年里德国法律思维普遍存在的"法律就是法律"（Gesetz als Gesetz）的实证主义法律立场。这是其为文章后面要论述的内容做的思想铺垫，未言明之意是要告诉人们：正是这样的法律心理造成了纳粹时期德国法律界人士没有反思和反抗的服从姿态。文中拉德布鲁赫用大量篇幅介绍和分析了战后德国法院处理的有关纳粹时期"合法"的犯罪问题的四个真实案例。② 案例中的德国法院要么依

---

① 哈特在《实证主义与法律和道德的分离》中说："对于所有想重新思考法律与道德内在关系的人来说，都应该阅读一下拉氏的作品。"通过其注释可以知道，哈特指的拉德布鲁赫的作品，首先就是《法律的不法与超越法律的法》。See: H. L. A. Hart. Positivism and the Separation of Law and Morals, Harvard Law Review, vol. 71（1958），p. 617. 哈特对拉德布鲁赫的批判，正是建基于他对该文的理解之上。

② 四个案件具体案情如下。

第一，普特法尔肯（Puttfarken）告密案。纳粹时期，一个叫普特法尔肯的司法部秘书告发了商人戈提希（G？ttig），揭发他在厕所的墙上书写了"希特勒是最大的杀人犯，应该负有战争罪责"的字迹，戈提希被纳粹法院判处死刑，而他被判罪的原因不仅仅是以上字迹，还因为其收听了国外的广播电台节目。战后，普特法尔肯在位于诺德豪森（Nordhausen）的图林根刑事法庭受审，法庭认为普特法尔肯犯有胁从谋杀罪，最终判处他终身监禁。

第二，普特法尔肯告密案涉及的法官责任案。在审理普特法尔肯告密案时，法庭认为普特法尔肯犯有胁从谋杀罪，而他胁从的正是判处戈提希死刑的法官们，这些法官是杀人的主犯。图林根刑事法庭依据盟国管制委员会第 10 号法令，认定这些法官犯了反人类罪，应该对杀害戈提希承担责任。（转下页）

据溯及既往的法律做出判决，要么通过直接否决纳粹法律效力的方式来审判案件，其结果都否定了前纳粹法律的效力。而以案例介绍为依托，拉德布鲁赫进一步明确了自己对法律实证主义"法律就是法律"信念的不满。他说："实证主义通过'法律就是法律'的信念，事实上已经使得德国的法律职业人士无力抵抗专断的法律和非法的法律。而且，实证主义自身已经没有能力建立起法律的合法性了。"①

　　在《法律的不法与超越法律的法》中，拉德布鲁赫对自己《法哲学》（*Rechtsphilosophie*）一书提出的法的三项价值——法的安定性、法的合目的性和法的正义性之间的关系做了分析，提出

---

　　（接上页）第三，助理死刑执行官克莱娜（Kleine）和罗泽（Rose）责任案。助理死刑执行官克莱娜和罗泽在纳粹时期积极参与了无数次非法的死刑执行。哈勒法院依据盟国管制委员会第 10 号法令以反人类罪，判处克莱娜和罗泽死刑。法院认为，两被告非常乐意地实施了他们邪恶的交易——1944 年 4 月到 1945 年 3 月间，克莱娜参与了 931 次死刑执行，每次都能获得 26433 马克，对于每一个死刑执行官来说，在任何时候都可以以健康或其他理由，从其活动中自由地退出。

　　第四，前纳粹士兵逃亡途中射杀纳粹巡警被免于追诉案。一名来自萨克森的前纳粹士兵被分配去看守东部前线的战俘，由于厌恶战俘们受到的非人待遇，也许还加上厌倦了在希特勒部队中服役，1943 年从其岗位上逃跑了。途中，这名逃跑的士兵还去了自己妻子的住处，在那，他被一名巡警发现并逮捕。乘巡警不注意，士兵夺过了巡警的配枪，从后面射杀了巡警。1945 年，他从瑞士回到萨克森，后被捕。检察机关准备控诉他恶意杀害国家公务员。然而，首席检察官下令将他释放，并放弃了对他的控诉，其依据是1871 年《德国刑法典》（1871 年《德国刑法典》在纳粹时期依然保持其效力）54 条。首席检察官认为，士兵射杀巡警是出于必要而采取的行动，无可责备。他解释道："法律机关为维护法律而制定的东西今天已不再有效。从我们的法律观看来，从希特勒、凯特尔的军队中逃跑，并不犯有应该受到羞辱和惩罚的过错，他也不会由此而受到责备。"

　　①　Gustav Radbruch. Statutory Lawlessness and Supra – Statutory Law, trans By Bonnie L itschewske Palson and Stanley L. Oxford Journal of Legal Studies, Vol. 26（2006），p. 6.

了对解决战后德国出现的疑难案件具有极强指导意义，被德国法院多次运用的"拉德布鲁赫公式"（Radbruch formula）。

正义与法的安定性之间的冲突也许通过下面的方法能得到很好的解决：由立法和权力保证的实在法有优先地位，即使它的内容不正义，也不合目的性。除非法律与正义的冲突达到了无法容忍的程度，作为不正当的法律才必须向正义屈服。我们不可能在法律的不法与尽管不正当但仍然有效的法律之间划一条清晰的界线。但一条最清晰不过的界线却能够划出来：在正义从未被追求的地方，在实在法被制定的过程中，正义的核心——平等，被有意违背的地方，法律不仅仅是不正当法，它完全不具备法律的本性。①

正是依据该"公式"，拉德布鲁赫就文中的四个真实案例表达了自己的看法，提出了他认为合适的解决案件的思路和方案。

### 三、拉德布鲁赫"转向"

从1945年二战结束即开始寻求战后德国"如何用合乎法治的方式来裁决疑难案件"这一问题之答案，到其去世的4年时间里，拉德布鲁赫实际上写就了许多短篇论文和评论，这些文章的观点似乎不同于他在早期论著中持有的相对主义态度和法律实证主义立场。正如华盛顿大学法学与哲学教授保尔森（Stanley Pal-

---

① Gustav Radbruch. Statutory Lawlessness and Supra – Statutory Law, trans By Bonnie L itschewske Palson and Stanley L. *Oxford Journal of Legal Studies*, Vol. 26 (2006), p. 7.

son）所说，"事实上在德国和其他国家，拉德布鲁赫是作为战后德国自然法思想短暂复兴的领导力量而被众人所知的"①。正是基于拉氏为解决战后清理纳粹罪恶行为过程中出现的疑难案件而进行法理论推理和立场证立写就的论文，他被很多人认为从一个战前的法律实证主义者，在经历了纳粹的残暴统治后，转而支持自然法的立场。② 换言之，即基于其在寻求回答德国司法转向过程中出现的"如何用合乎法治的方式来裁决疑难案件"这一问题而进行的理论立场阐述，拉德布鲁赫被很多学者认为其自身的法理论立场也发生了"转向"。

上面分析的《法律的不法与超越法律的法》就是拉德布鲁赫战后论著中最著名的文章之一，也是最能代表其战后理论立场的论文。拉氏实际上通过本文回答了一个古老的法哲学问题——不正义的法的身份是什么?③《法律的不法与超越法律的法》对四个真实案件的介绍，对法院所作判决的法律思路的解读，以及表现出的对法律实证主义"法律就是法律"的信念的不满和提出的解决疑难案件的"拉德布鲁赫公式"，在很多学者看来，都是在为拉氏的"转向"作"背书"。而所谓的拉德布鲁赫"转向"深深触动了当时法学界的神经，虽然赢得了许多法学家的赞同，但也

---

① Stanley Palson. Radbruch on Unjust Laws: Competing Earlier and Later Views［J］. Oxford Journal of Legal Studies, Vol 15 (1995), p. 489.

② 在本文第四章第二节"拉德布鲁赫的实质追求"中，我将证明：认为战后拉德布鲁赫转向了自然法立场也许是一种误解。

③ Stanley Palson. Radbruch on Unjust Laws: Competing Earlier and Later Views［J］. Oxford Journal of Legal Studies, Vol. 15 (1995), p. 490.

不乏批评者。直至现在都有学者认为拉德布鲁赫"转向"是一个糟糕的选择。

律师和法官不应该对纳粹立法的法律邪恶性特别敏感吗？毕竟纳粹统治的基本原则是"领袖原则"即"元首的话具有法律效力"，它取代了可追溯到柏拉图和亚里士多德时代的"要法治，不要人治"的理念；所有的法律人难道没有维护法治的职业责任吗？德国法律职业界、特别是德国法官的屈服，引发了法律人寻求解释的反省；是德国法官的懦弱、机会主义、还是他们的狂热，使得他们为了纳粹愿意牺牲自己的职业理念？美国马里兰大学教授大卫·鲁班（David Luban）就认为，针对这些问题，拉德布鲁赫给出了一个意外的、令人不快的、深刻威胁到法律职业法治信条的回答。而拉氏做出解释的部分情感力量，则涉及他对自己战前作为实证主义者的痛苦的自我批评。① 在大卫·鲁班看来，拉德布鲁赫的"转向"是非常糟糕的，因为它为向纳粹妥协的法官提供了一个极好的解释：真正的被告是实证主义，因此纳粹法官是没有责任的。这样，纳粹法官就能够把指向自己的责难，转向他们的作为自由主义者的实证主义法律教师，或者像拉德布鲁赫这样的社会民主党人，像凯尔森（Hans Kelsen）一样的犹太人，而所有这些人在 1933 年都失去了工作。法官们跳上了拉德布鲁赫的"花车"，不顾凯尔森的伟大著作——1934 年出版的《纯

---

① Symposium：Nazis in the Courtroom：Lessons from the Conduct of Lawyers and Judges under the Third Reich and Vichy, France, Brooklyn Law Review, Vol. 61（1995），pp. 1140 – 1142.

粹法理论》（*Pure Theory of Law*）。在该书中凯尔森明确表示，在反纳粹的司法中，法官必须坚持法律与政治的分离。① 法学教授托马斯·梅腾斯（Thomas Mertens）认为，《法律的不法与超越法律的法》有三方面的重要性。第一，它涉及了其出版时现实中正面临的尖锐问题，即由纳粹时期明显的"合法"的犯罪或犯罪的"合法性"导致的一系列问题；第二，该文寻求解释，为什么纳粹政权在使用法律制度来实现自己的可耻目的时会如此成功；第三，此文证实了拉德布鲁赫法律观的基本"转变"。② 这最为关键的第三个方面的重要性，早在数十年前就引发了与大卫·鲁班教授具有同样态度的哈特对拉德布鲁赫的"批判"。哈特在《实证主义与法律和道德的分离》中说："在对拉德布鲁赫的作品进行翻译时，很遗憾地忽略了他较先前学说做出的巨大转变。"③ 他针锋相对地反驳拉德布鲁赫在《法律的不法与超越法律的法》中的"观点"，并提出了自己的解决方案。不久，富勒就加入到了这场争论中。

---

① Symposium: Nazis in the Courtroom: Lessons from the Conduct of Lawyers and Judges under the Third Reich and Vichy, France, Brooklyn Law Review, Vol. 61 (1995), p. 1142.

② Thomas Mertens, Radbruch and Hart on the Grudge Informer. A Reconsideration, Ratio Juris, Vol. 15 (2002), pp. 186 – 187.

③ H. L. A. Hart, Positivism and the Separation of Law and Morals, *Harvard Law Review*, Vol. 71 (1958), p. 617.

# 第二节　作为争论对象的"告密者案件"

"告密者案件"是德国法院在清理纳粹罪恶行为的过程中出现的疑难案件，从宏观的角度说它是一系列性质相同的案件的总称。拉德布鲁赫在《法律的不法与超越法律的法》中分析的"普特法尔肯告密案"，帕普在《纳粹时期司法判决的有效性》一文中提及的两个案例，英戈·穆勒在《恐怖的法官——纳粹时期的司法》一书中谈到的有关告密的案例①，都属于此类案件。哈特与富勒关注的则是诸多告密者案件中的一个。

## 一、虚假的与真实的"告密者案件"

被哈特、富勒作为争论对象的"告密者案件"来自《哈佛法律评论》的一篇报道。1951 年，《哈佛法律评论》摘要报道了战后德国法院裁决的一个"告密者案件"。这则案件极富戏剧性，所以有学者认为，即使忘记了"哈富论战"细节的人也会记住这一案例。根据《哈佛法律评论》的陈述，该案件案情如下。

1944 年，一名德国妇女为了除掉自己的丈夫，向纳粹当局报告了丈夫从纳粹军队回家后贬损希特勒的言论。妻子作证指控自

---

① 英戈·穆勒. 恐怖的法官纳粹时期的司法［M］. 王勇，译. 北京：中国政法大学出版社，2000：132 – 134.

己的丈夫，随后丈夫被纳粹军事法庭判处死刑。判决是依据纳粹法令规定的“任何主张和重复不利于第三帝国领袖的言论都是非法的”所做出的。然而，在监狱服刑一段时间后丈夫就被送到了前线。随着纳粹政权的垮台，妻子和判处丈夫死刑的法官被指控犯了非法剥夺他人自由罪，依据是 1871 年《德国刑法典》（German Criminal Code）第 239 条。案件上诉到班贝格（Bamberg）上诉法院，法院宣告做出判决的法官无罪，但是妻子罪名成立，原因是她利用了自由选择的纳粹法律。该法律是违背所有正直之人的良心和正义感的，它促使其丈夫死亡或被监禁。

　　这则案件被哈特、富勒当作了战后德国法院转向过程中，对纳粹的罪恶行为进行清理的一个典型案例。然而，《哈佛法律评论》对案件的报道并不准确。1960 年，《现代法律评论》第 23 卷发表帕普名为《论纳粹时期司法判决的效力》的文章，指出了《哈佛法律评论》第 64 卷对“告密者案件”错误报道的事实。帕普写到：“令人遗憾的是，《哈佛法律评论》错误地报道了案件，哈特的推理和对案件的陈述正是基于《哈佛法律评论》这一错误的报道。所以对自己所知的被错误报道的判决，哈特发出了这样的感慨：‘这个不能令人满意的答案，在我看来是歇斯底里的……该目的是通过宣布 1934 年制定的一部法律不应具有法律效力而实现的，至少这样做是否聪明必须受到怀疑。’”① 由此，一

---

　① H. O. Pappe. On the Validity of Judicial Decisions in the Nazi Era, The Modern Law Review, Vol. 23（1960），p. 263.

个被哈特、富勒争论所掩盖了的、真实的"告密者案件"浮出水面。

在真实的"告密者案件"中，班贝格上诉法院对做出判决的法官进行了无罪宣告，但对作为告密者的妻子的判决却并非如《哈佛法律评论》报道的那样，以其利用自由选择的违背正直之人的良心和正义感的纳粹法律促使其丈夫死亡为由，宣告告密者罪名成立。事实上，班贝格上诉法院虽然撤销了对妻子的无罪判决，但没有否定1934年和1938年的纳粹法律的效力。一方面法院认为，由于这些法律导致了过于严厉的惩罚，所以它们是极不公正的。它们为在特定情况下进行残酷惩罚打开了大门，从而被绝大多数德国人认为是恐怖的法律。然而，这些法律并没有违背自然法。所以，判处丈夫死刑的军事法庭的法官们是在其法律职权范围内行为。但另一方面，法院认定告密的妻子犯有非法剥夺他人自由罪。原因有三：第一，她没有举报的义务；第二，她的举报是出于自私的私人动机；第三，她应该认识到，在当时的情况下这样的举报行为，正如事实所证明的那样，必然会导致不合适的严重后果。所以，这样的行为是违背正直之人的良心和正义感的。法院通过引用在当时德国人中普遍认知的与纳粹法令相对的非法行为的特别观念，证实了这一观点。大多数德国人都认为，该妇女的行为是违背正直感和道德的。

虽然在指出《哈佛法律评论》错误报道的帕普看来，法院进行判决的推理并不十分清晰。即使诉诸"正直感和道德"的用语在德国是具有法律意义的这一事实，情况也是如此。① 但是，班贝格上诉法院做出审理和判决的法律依据却是非常明确的。它依然以 1871 年《德国刑法典》第 239 条（非法剥夺他人自由罪）为依据认定了告密妻子的罪行。所以，帕普认定的一个不争的事实是：法院的判决并没有使案件所涉纳粹法律无效。

## 二、对作为争论对象的"告密者案件"的选择

大卫·弗雷泽教授同样关注了为什么哈特、富勒会把注意力集中到"告密者案件"上这个问题。他认为，对于许多人来说，哈特、富勒所争论的核心问题及纳粹合法性的困境，鲜明地展示在各种法律机制、法规、规章、政令和这个反德国犹太人的国家之中。由案情几乎是独一无二的"怨毒告密者案件"所提出的问题，在一系列反犹太人的法律中获得了更清晰的阐释。② 对于富勒为什么会选择"告密者案件"与哈特发生争论，弗雷泽教授没有给出答案，但他很好地找到了哈特为什么会选择这一案件的一个具有说服力的理由，即哈特选择"告密者案件"作为分析的实

---

① H. O. Pappe. On the Validity of Judicial Decisions in the Nazi Era, The Modern Law Review, Vol. 23 (1960), p. 268.

② David Fraser. "This is not like any other legal question"：a brief history of nazi law before U. K. and U. S. courts ［J］. Connecticut Journal of International Law, Vol. 19 (2003), p. 61.

例，很好地契合了整个"拉德布鲁赫争辩"。① 弗雷泽教授引用了哈特对"拉德布鲁赫争辩"的如下评价作为证明："它是针对功利主义者分离主张的缺乏智慧的批评，它不是以细致的争辩，而是以惨痛的经历为基础的情感诉求。"② "告密者案件"毫无疑问算得上是这种"惨痛经历"的典型实例之一。

的确，哈特引入对"告密者案件"的讨论与"拉德布鲁赫争辩"有紧密关系。正如本文前面所说，为了"正面捍卫分析法学和法律实证主义"，哈特顺理成章地把矛头指向了被认为发生了立场转向的拉德布鲁赫，他注意到了拉氏"转向"后，其法理论对现实的塑造力量，前文引用过的哈特的那段原话能最好地表达他的这种视域。③ 正是为了达到证明实证主义法理论优越性的目的，哈特要批判拉德布鲁赫"以惨痛的经历为基础的情感诉求"在现实中的运用，由此开始了他对"告密者案件"的分析。

但是，哈特并没有直接将拉德布鲁赫在《法律的不法与超越

---

① 如前面所说，如果认为哈特为了"正面捍卫分析法学和法律实证主义"，顺理成章地把矛头指向了被认为发生了立场转向的拉德布鲁赫。哈特通过分析和评论"拉德布鲁赫的争辩"中提及的"告密者案件"，驳斥拉德布鲁赫，证明实证主义法理论的优越性。那么，富勒为了捍卫自然法学，针锋相对地与哈特争论"告密者案件"，验证自然法理论的优越性，同样是可以接受的富勒为什么会选择"告密者案件"与哈特发生争论的原因。

② H. L. A. Hart. Positivism and the Separation of Law and Morals, Harvard Law Review, Vol. 71（1958），p. 615.

③ "为了评估拉德布鲁赫修订法律与道德相分离之关系的诉求，我们不能只是停留在学术的讨论上。战后，拉德布鲁赫包含基本的人道主义道德原则的法律观被德国法院适用于某些案件的审判中，其中纳粹统治下的一些国内战犯、间谍和告密者受到了惩罚。"See：H. L. A. Hart. Positivism and the Separation of Law and Morals, Harvard Law Review, Vol. 71（1958），p. 618.

法律的法》中引用的“普特法尔肯（Puttfarken）告密案”作为分析对象。被他选中用于讨论的“告密者案件”实质是德国法院的一个早期判决。在帕普看来，这一案件之所以拥有了被用于法理审议的“特权”，主要归因于《哈佛法律评论》在1951年对该案件的报道和评论，以及弗里德曼（Wolfgang Friedman）的《法学理论》（*Legal Theory*）对其的提及。①

应该说，哈特选择《哈佛法律评论》报道的这则案件进行讨论的根本原因还在于，他首先被拉德布鲁赫发生了“转向”这一学界具有争议的认识所误导，对《法律的不法与超越法律的法》作了断章取义的理解②。而根据《哈佛法律评论》的报道，该案法官的判决又正好采纳了他所认为的，拉德布鲁赫在《法律的不法与超越法律的法》中主张的判案思路，出于“正面捍卫分析法学和法律实证主义”的需要，哈特才选择了该案作为讨论的对象。这种判断印证了哈特自己的言论③所表达出的选择该案的动机所在。也许帕普博士把这一根本原因当作了不言自明之理！无论如何前面提到的，在帕普看来哈特选择该案的两个理由都必须以此理由为前提。

---

① H. O. Pappe. On the Validity of Judicial Decisions in the Nazi Era, The Modern Law Review, Vol. 23（1960），p. 261.

② 本文第四章第三节将对《法律的不法与超越法律的法》的真实意旨加以论述。

③ “为了评估拉德布鲁赫修订法律与道德相分离之关系的诉求，我们不能只是停留在学术的讨论上。战后，拉德布鲁赫包含基本的人道主义道德原则的法律观被德国法院适用于某些案件的审判中，其中纳粹统治下的一些国内战犯、间谍和告密者受到了惩罚。”See：H. L. A. Hart. Positivism and the Separation of Law and Morals, Harvard Law Review, Vol. 71（1958），p. 618.

# 第二章

# 寻求"告密者案件"上的司法正义

"告密者案件"的疑难，使得《哈佛法律评论》报道的德国法院的判决本身也成了值得评判的对象。事实表明，它只是对如何实现"告密者案件"上的司法正义之问题的一个延伸，而无法完结人们对该问题的争论。由于报道中的法院判决思路与被理解的拉德布鲁赫解决案件的思路的一致性，无论是《哈佛法律评论》直接针对判决的评论，还是哈特、富勒围绕该案件发生的争论，实际上都可以看作是在所报道的德国法院的工作之基础上，对实现"告密者案件"上的司法正义做的直接或间接的努力。

## 第一节　报道者的评论

《哈佛法律评论》在对"告密者案件"案情进行摘要陈述后，对法院的判决做了评论，它们中间既有赞扬之言，也有批评之语；既阐述了赞扬之理由，也表明了批评之原因。在《哈佛法律评论》看来，德国法院对案件的判决呈现了以下事实。第一，它是对德国法律安定性的一个不好的威胁。德国人在塑造自己行为的时候也许会考虑，后继的政权会再次宣告根据当前政府的命令实施的行为非法的可能性。第二，它达到了恢复人类尊严的最低标准的理想效果，展示了通过对什么构成刑事犯罪的考虑能够维持最严格的标准之事实。第三，它是对"法无明文规定不为罪"的原则的违反。对溯及既往效果的反对意见，同样也适用于目前的判决。①

可以看出，在《哈佛法律评论》的三条简单评价中，第一条是对法院判决否定案件所涉纳粹恶法法律性的批评，是对此种做法可能带来的不好后果的顾虑，第三条是对法院判决中涉及的溯及既往的立法之成分的批评，是对法无明文规定不为罪之原则的捍卫，只有第二条是对判决的赞扬。而赞扬性评价与批评性评价之间是一种依存的关系，因为报道中的德国法院正是通过否定纳粹恶法的法律身份和溯及既往的立法之做法，才使自己的判决"达到了恢复人类尊严的最低标准的理想效果，展示了通过对什么构成刑事犯罪的考虑能够维持最严格的标准之事实"。所以，《哈佛法律评论》做出褒贬不一的评价是一种无奈的选择，更是对"告密者案件"带来的深层次困境之事实的充分展示。

一方面，也许正是《哈佛法律评论》左右摇摆的评论，加深

---

① H. O. Pappe. On the Validity of Judicial Decisions in the Nazi Era, The Modern Law Review, Vol. 23（1960），p. 262.

了哈特对拉德布鲁赫在实证主义法立场与自然法立场之间"举棋不定"的印象，使他进一步意识到拉氏最终的"背叛"所引起的法律上的"不良后果"：哈特旨在重树实证主义法学的雄风，所以必须剑指实证主义法学派的"叛逆者"拉德布鲁赫，消除因拉氏的"背叛"给实证主义法学造成的巨大冲击。正如前文所说，哈特对法律与道德分离立场的辩护，某种程度上正是基于对自己从《法律的不法与超越法律的法》中解读出的拉氏解决"告密者案件"的思路的拒辞而做出的。另一方面，对"拉德布鲁赫争辩"断章取义式的解读而获得的结论，在美国法学家眼中，则成了"常识性智慧"，所以才会被富勒不断地重复和称赞。作为实证主义长期的批评者，富勒热切地抓住了所谓的拉德布鲁赫"转向"。

哈特与富勒对拉德布鲁赫的误解，导致他们在争论中塑造了一个虚假的、"转向"后的拉德布鲁赫。哈特完全站在"转向"后的拉德布鲁赫之对立面，把其当作批判的对象。富勒则同意"转向"后的拉德布鲁赫之结论，反对其理由，在基本立场上表示了支持的态度。《哈佛法律评论》的评论可以看作是对"转向"后的拉德布鲁赫解决告密者案件之思路的点评。

需要指出的是，哈特、富勒误解了拉德布鲁赫的事实，并不能完全遮蔽争论本身的光芒。双方对"告密者案件"做的分析与评论的语言之犀利，充分显示了他们争论的激烈以及各自的立场与观点在此论点上的力量。其言辞之显白，也意味着这是两位法学家在面临转型期的疑难案件时，对如何实现司法正义的认识和看法的毫无保留的自我表达。所以，要理解双方在该问题上的立场与理论，需要从了解论争当事人就"告密者案件"的分析和评判开始。

## 第二节　哈特与富勒在"告密者案件"上的争点

虽然拉德布鲁赫与哈特、富勒分析评论的不是同一个告密者案件，但是，两个案件的性质并无根本的不同。根据《哈佛法律评论》的报道可以看出，在哈特、富勒争论的案件中，法官的判决与哈特从《法律的不法与超越法律的法》中解读出的，所谓拉德布鲁赫主张解决"普特法尔肯告密案"的理路是一致的。所以，拉德布鲁赫与哈特、富勒在告密者案件上的分析、评论都可以假设为是针对《哈佛法律评论》所报道的"告密者案件"进行的。从这种视角判断，他们三方便有了共同的分析和评论对象。这也是为什么在哈特、富勒两方的争论中实际上还存在一个假设的第三方——拉德布鲁赫的原因。本节将对哈特、富勒在"告密者案件"上的主要观点和立场进行概括式的、有重点的叙述，而为了配合他们的争论，笔者也将依照其思路对拉德布鲁赫有关告密者案件的论述进行裁剪，力求勾勒出双方在寻求实现"告密者案件"上的司法正义时激烈的争论图景，进而为评析他们的争论创造条件。

正如前面说到的，随着论战的不断深入，哈特、富勒的法理论逐渐丰满、成熟，成体系，双方慢慢地从一种法学流派理论立场的表达，转换为对自己法理论的陈述。他们逐渐花更多的笔墨去阐述自己的法理论。这直接导致了"告密者案件"作为法理论立场效果比拼场所的用武之地的缩小和双方论述"告密者案件"的篇幅的缩减。所以，哈特、富勒有关"告密者案件"的争论，主要集中于双方第一轮交锋中，他们在"告密者案件"上的对话大部分来源于《实证主义与法律和道德的分离》《实证主义和忠于法律：答哈特教授》两篇文章也就不足为奇了。而有所裁剪的拉德布鲁赫有关告密者案件的论述，自不用说，均来自《法律的不法与超越法律的法》。虚拟的三方对话主要集中于三个相互关联的争点。

## 一、争点一：对"法律就是法律"之信念的看法

按照文章写作的时间顺序和争论的发展历程，拉德布鲁赫首先在《法律的不法与超越法律的法》中向实证主义发难，他认为实证主义应该对德国法律界向纳粹的屈服负责，正是实证主义"法律就是法律"的信念，使得德国法律界失去了抵抗纳粹的能力。

哈特作为实证主义法学的捍卫者，就拉德布鲁赫对实证主义"法律就是法律"信念的归责，针锋相对地提出了自己的意见。他的辩护基于该信念强调的法律与道德的分离的主题在德国以外的其他地方取得的成就。在那些地方"它们如同功利主义者自身

一样，能顺应最开明的自由主义"①。在哈特看来，拉德布鲁赫没有很好地理解自由主义，这导致拉氏对法律效力做了错误的解释。他以此回应对"法律就是法律"之信念的指责。

富勒认为拉德布鲁赫是对的，并做出了自己的解释。在他看来，实证主义"法律就是法律"的信念所坚持的法律分离于道德的立场，将守法义务与其他道德义务绝对地隔离开来，否定了不同义务间存在的关联，进而关闭了找到协调它们的原则的大门。正是因为这样，法律实证主义才使得德国法律界完全接受了道德上邪恶的法律。他们不仅不考虑法律的实体道德目标，也不考虑自己所主张的法律必须满足的内在道德，而是接纳任何被称为法律的东西为法律，这必然有利于纳粹的邪恶统治。②

## 二、争点二：对纳粹恶法的态度

拉德布鲁赫在《法律的不法与超越法律的法》中提出了著名的"拉德布鲁赫公式"，表达了自己对纳粹恶法的看法。他认为：法律应该追求正义，如果制定的法律根本不追求正义就不具备法律的本性。"根据这个标准来衡量，纳粹法律整体上从未获得过

---

① H. L. A. Hart. Positivism and the Separation of Law and Morals, Harvard Law Review, Vol. 71 (1958), p. 618.

② 富勒在《实证主义和忠于法律：答哈特教授》一文中这样说到："希特勒……最初谨慎地利用法律形式，后来由于权力得到巩固变得更加肆无忌惮。他对所建立的秩序的首次打击，其对象如果说是有守卫的话，就是由律师和法官守卫的堡垒，这些堡垒几乎没有反抗就崩塌了。"Lon L. Fuller. Positivism and Fidelity to Law—A Reply to Professor Hart, Harvard Law Review, Vol. 71 (1958), p. 659.

有效的法律身份。"①

哈特主张不应该简单否定纳粹恶法的法律身份。与其为"法律就是法律"之信念辩护的立场紧密相连,哈特认为,如果通过否定纳粹法律效力的方式惩罚告密者,实际上就是以某一法律在道德上的邪恶品质否定其法律身份。这样"便混淆了一种因为最简单所以是最强有力的道德批评形式"②,因为在承认恶法法律身份的前提下,人们可以批评法律的不道德,并有道德权利选择不遵守恶法。另外,仅仅由于道德上的邪恶就否定某一法律的法律身份,这种做法也很难使人信服,因为它不仅要面对许多有争议的哲学问题,而且被否定为法律的东西的存在是一个事实,并获得了有强制力的支持。

富勒不同意哈特的观点。在他看来,法律可以说代表着普遍的秩序。良好的秩序就是与正义、道德和人们应当是什么的要求相符合的法律。③ 而纳粹政府只是"用法律形式进行装点的独裁政府"④,其制定的恶法背离了法律的内在道德,由此类法律形成的秩序违背了最基本的秩序道德,更谈不上形成良好的秩序,所

① Gustav Radbruch. Statutory Lawlessness and Supra – Statutory Law, trans By Bonnie L itschewske Palson and Stanley L. Oxford Journal of Legal Studies, Vol. 26 (2006), p. 7.

② H. L. A. Hart. Positivism and the Separation of Law and Morals, Harvard Law Review, Vol. 71 (1958), p. 620.

③ Lon L. Fuller. Positivism and Fidelity to Law—A Reply to Professor Hart, Harvard Law Review, Vol. 71 (1958), p. 664.

④ Lon L. Fuller. Positivism and Fidelity to Law—A Reply to Professor Hart, *Harvard Law Review*, Vol. 71 (1958), p. 660.

以它们根本不算是法律。

### 三、争点三：对法院判决的看法

在该争点上，哈特与富勒对拉德布鲁赫的立场有着共同的看法，即拉氏是支持德国法院的判决方案的。换言之，在他们看来，拉德布鲁赫对德国法院通过否定纳粹恶法法律身份使告密者受到惩罚的做法持的是赞同的态度。

与此相对，哈特基于自己对纳粹恶法的态度，批评了德国法院的判决，提出了自己的解决方案。在他看来，在"告密者案件"中德国法院通过否定纳粹法律的效力使告密者不道德的告密行为受到惩罚，其实并不明智，其理由就蕴含在上一个争点他为自己持有的纳粹的"恶法亦法"立场所做的辩护中。哈特认为，虽然法院不能选择使告密者免受惩罚的解决方案，但法律上最好的惩罚告密者的方案则是引入一项溯及既往的法律。引入溯及既往的法律是一种"恶"，但这样做有"坦率"的美德。因为法院实际上面对着一个道德困境，它必须在两种邪恶中做出选择，一个是使她（告密者）不受惩罚，一个是牺牲被大多数法律体系认为是非常宝贵的道德原则（非溯及既往原则）。①

富勒在基本立场上是支持拉德布鲁赫的，但他认为德国法院根本无须求助于高级法来否定纳粹恶法的效力，因为通过纳粹恶

---

① H. L. A. Hart. Positivism and the Separation of Law and Morals, Harvard Law Review, Vol. 71 (1958), p. 619.

法违反了法律的内在道德的判断即可达到否定其法律身份的目的。富勒反对哈特的看法，在他看来，用溯及既往的方式惩罚告密者之选择，并不像哈特所认为的那样会在承认纳粹恶法法律身份的情况下发生，因为它必然意味着认可告密行为的纳粹法律无效，这在事实上也就否定了该法的法律身份。进而他批判了哈特所坚持的，在承认恶法法律身份的前提下可以不遵守恶法的理论立场，并将此看作是"道德混淆达到了顶点"的表现。按照这样的理解思路，富勒进一步指责哈特把溯及既往的刑事立法之任务交给法院的主张，认为这一主张的意义充其量只在于要求"将一项肮脏的工作交由法院来完成而已"①。他阐述了自己之所以选择溯及既往的方式解决"告密者案件"在本质上与哈特的观点不同的理由："之所以做出这种选择，并不是因为这是最接近法律上的方法，使得曾经一度是法律的东西现在为非法。而宁愿把这种法律（溯及既往的法律）看作是象征与过去彻底决裂的方法，看作从司法程序的正常功能中隔离出一种清除运作的手段。"②

而从更抽象的层次上分析，富勒认为拉德布鲁赫并非如哈特说的那样没有认识到法院面临的困境，只不过拉氏体验到的不是哈特描述的使告密者不受惩罚或牺牲被大多数法律体系认为是非常宝贵的非溯及既往原则之间的困境，而是既要重树对法律的尊

---

① Lon L. Fuller. Positivism and Fidelity to Law—A Reply to Professor Hart, Harvard Law Review, Vol. 71 (1958), p. 649.

② Lon L. Fuller. Positivism and Fidelity to Law—A Reply to Professor Hart, Harvard Law Review, Vol. 71 (1958), p. 661.

重，又要追求对正义的尊重二者间的困境。在富勒看来，拉德布鲁赫将这一两难处境"看作是对秩序的要求和对好秩序要求的结合"①，重树对法律的尊重是对秩序的追求，对正义的尊重则是对好秩序的追求，两者不能偏废。就哈特而言，其理论立场和观点折射出他仅仅是在追求一种秩序，而非良好的秩序，这恰恰是不能让人接受的。

## 第三节　对哈特与富勒方案"忠于法律"的价值分析

不能把哈特与富勒有关"告密者案件"的争论仅仅看作是法理论立场效果的比拼，更应该跳出只是对争论双方围绕该案提出的解决方案作效果评析的桎梏，重视他们观点背后的理论。但是，这并不表示对双方方案进行效果的评价无甚意义。沿着哈特、富勒旨在"忠于法律"②的争论思路，对他们提出的方案之利弊进行梳理和分析，无疑能够使我们更清楚地认识到，双方所代表的实证主义法学与自然法学在解决转型时期的疑难案件时，

---

① Lon L. Fuller. Positivism and Fidelity to Law—A Reply to Professor Hart, Harvard Law Review, Vol. 71 (1958), p. 657.

② 富勒在评论哈特的论文《实证主义与法律和道德的分离》时就明确指出，此文开启了双方讨论的、新的、有希望的转折："现在，双方都明确地承认，一个主要的问题在于，我们如何最好地定义及服务于忠实法律的理想。" See：Lon L. Fuller. Positivism and Fidelity to Law—A Reply to Professor Hart, Harvard Law Review, Vol. 71 (1958), p. 632.

各自立场、理论的优劣。所以，本节将以"谁更忠于法律"这一问题为基点，对两位法学家在面临"实践中的道德—法律难题"时做出的回答予以分析和评判。

### 一、哈特方案的利与弊

简要概括哈特处理"告密者案件"的立场与方法就是，在肯定纳粹法律的有效性之前提下，承认纳粹法律太过邪恶，以至于不能被遵守，由于处罚告密者的必要性，于是选择采取由立法机关溯及既往的立法之方法，使告密者受到惩罚。

（一）哈特方案的利

首先，哈特认为自己的方案具有"坦率"的优点。有学者对哈特的"坦率"做了进一步的解释——之所以"坦率"，关键在于其强调了规则背后的现实。① 哈特的选择意味着承认人们对规则秩序的认识具有不可超越的限度：规则必然是既定情形下的规则。② 所以，承认纳粹恶法有效性的理由是：我们不能以现在对法律的认识来否认当时人们对法律的认识。哈特的"坦率"，使他在面对过去的法律时，拥有比富勒更为"实事求是"的态度。

其次，也有学者敏锐地觉察到，哈特的方案重心在于法律的

---

① 在"告密者案件"中，对纳粹恶法的认识应该由道德问题转化为法律问题，因为社会对规则的接受不仅是出于道德，还处出于恐惧、迷信、惰性等。参见谌洪果．哈特的法律实证主义：一种思想关系的视角［M］．北京：北京大学出版社，2008：112．

② 谌洪果．哈特的法律实证主义：一种思想关系的视角［M］．北京：北京大学出版社，2008：111．

"实效"。① 的确，哈特区分了法律的"效力"（validity）与"实效"（efficacy）两个概念。他认为，可以将法律体系和法律规则分开看待，法律的存在必须具有实效，这是对于法律体系而言的，而一项法律规则的存在并不意味着其必定具有实效。② 他说："如果'实效'意味着，一项规范某种行为的法律规则大部分时候都会被遵守这样的事实，那么任何规则的'效力'与其'实效'之间实在没有必然的关系也是很清楚明白的了。"③ 哈特这种法律"效力"与"实效"相区分的观点，意味着即使利用溯及既往的法律对告密者进行惩罚，也并不表示纳粹法律无效，它仍然有"效力"，只是没有被遵守，因此没有"实效"，但它依然是法律。所以，他得出了"法律就是法律，但太邪恶以至于不能被遵守"④ 的结论。

哈特对法律"效力"与"实效"的区分为不遵守某一法律规则，而又不损害其法律身份提供了理论支撑。实质是在坚持不以道德标准否定法律身份的前提下，为不遵守道德上极端邪恶的法

---

① 谌洪果. 哈特的法律实证主义：一种思想关系的视角 [M]. 北京：北京大学出版社，2008：182.

② "毕竟，如果我们将法律拆开来看，有些事物将是不真实的，但如果将其放入一个法律体系，作为一个整体去看，那么它们就可能真实和重要。比如……在法律存在与其实效之间的联系，就必须在较为普遍的意义上来理解……同样，尽管一个法律规则只是在少数案例中得到执行与遵守，但它仍然是存在的"。
H. L. A. Hart. Positivism and the Separation of Law and Morals, Harvard Law Review, Vol. 71（1958），p. 621.

③ H. L. A. Hart. The Concept of Law, New York：Oxford University Press, 1961：100.

④ H. L. A. Hart. Positivism and the Separation of Law and Morals, Harvard Law Review, Vol. 71（1958），p. 620.

律提供了理论支持。哈特的这一理论思路体现了伊·亚·伊林所说的发达的法律意识——发达的法律意识永远都能够弄清楚：权力在何处开始和在何处终止，何处出现了任意妄为；它在解决了这一问题后，也总是能够得出应有的结论：何处必须承认和服从，何处必须用合法行为的全部能量直至以坚决不服从的英雄主义气概去对抗任意妄为和野蛮势力。① 也正是基于这一处理法律与道德冲突的理论路径，哈特解决"告密者案件"的方案，被一些学者赞誉为清晰、明了，甚至是审慎、稳妥和巧妙的。

后来，倾向于自然法学说的罗尔斯（John Bordley Rawls）与德沃金在这一问题上的态度，同哈特似乎有些类似。罗尔斯与德沃金针对的主要是政治领域的法律，涉及公民基本权利的保障问题。也许他们不是有意支持哈特而为之，但其陈述的理由则可以用于支持哈特的立场。

如果只从形式看，是否守法只有两种结果，服从或不服从，守法与违法泾渭分明。守法者通常能得到道德证成，而违法者会受到道德的质问。但现实情况是，守法并非简单的抽象概念，在实然层面，人们会遇到一些守法的"阻却事由"。这种状况属于罗尔斯所说的与自然义务相冲突的状况，如何解决这种冲突并没

---

① 伊·亚·伊林. 法律意识的实质［M］. 徐晓晴，译，北京：清华大学出版社，2005：16.

有一个明确的规则。① 但罗尔斯还是认为，面对这样的难题，"非暴力反抗"和"良心拒绝"是一个接近正义的制度环境里可能存在的公民不服从的两种形式。②

虽然，罗尔斯从几个方面对"非暴力反抗"和"良心拒绝"作了区别，如："非暴力反抗"诉诸多数人的正义感，"良心拒绝"仅仅诉诸个人的良知；"非暴力反抗"建立在政治原则上，"良心拒绝"除了政治原则，还可能建立在宗教原则和其他原则之上等。但他还是承认，在实际的情况中，这两者之间没有明显的区分。

德沃金用"善良违法"一词来表达人们面临这种难题时可能会做出的选择。他以该词为标题撰写一文，收录于其成名作《认真对待权利》（*Taking Rights Seriously*）中，但他没有给出"善良违法"的确切定义。有学者认为，在德沃金心中，"善良违法"行为区别于其他一般违法行为的关键是违反的法律是否有效。"善良违法"行为所违反的法律之效力是值得怀疑的。"只有在法律本身的有效性是令人怀疑的前提下，才存在善良违法问题。如

---

① "采纳自然义务本身和支持这种采纳的理由都是相当明显的。至少采纳这些义务比完全没有这类要求更可取的原因是清楚的。……真正的困难在于对它们的更详细的阐述是和下述优先性问题联系在一起的：即当自然义务发生冲突——义务与义务之间，义务与职责之间，或者义务与通过分外行为可获得的善之间发生冲突时，应怎样平衡这些义务？不存在解决这些问题的明确规则。"约翰·罗尔斯. 正义论［M］. 何怀宏，等译. 北京：中国社会科学出版社，1988：339.

② 约翰·罗尔斯. 正义论［M］. 何怀宏，等译. 北京：中国社会科学出版社，1988：365. "非暴力反抗"是"一种公开的、非暴力的、既是按照良心的又是政治性的对抗法律的行为，其目的通常是为了使政府的法律或政策发生一种改变。""良心拒绝"就是公民依据个人的良知拒绝服从法律。

果法律本身的有效性是令民众深信不疑的，则民众没有违法的权利。"对法律的效力是否有疑问，决定其是否为"善良违法"的关键因素，决定着违法行为的道德性。但仔细分析可以得知，德沃金事实上更多地用违法行为的道德性去裁决所违反法律的效力①，于是从表面上看，无论是法律的效力疑问决定着违法行为的道德性，还是相反，对法律效力的存疑都是"善良违法"不可或缺的因素。

然而，德沃金明白，即使再有多么充分的道德力量去怀疑一个既存的法律，去实施"善良违法"，也无法在事实上否认其法律身份，也不得不面临被法律制裁的危险。因为这就是法律，它不因某人怀疑它的效力就变得无效。所以，在假设最高法院做出《征兵法》是有效的裁决之后，他这样劝说道："法院可以继续行使它在判决方面的自由裁量权，使用最低的刑罚或缓期刑罚，作为尊重持不同政见者的立场的一个标志。"②

虽然罗尔斯和德沃金，一个明确承认不服从行为是违法行为，一个心知肚明"善良违法"无法去掉"违法性"，但都不认为"善良违法"是对法律的背叛。在罗尔斯看来，公民实施了不

---

① 德沃金在《认真对待权利》说："在善良违法的案件中，对法律有效性的怀疑绝对不是特别的或异常的。相反，至少在美国，差不多任何法律，只要有相当数量的人们冒着风险，根据道德要求去违反他们——如果这种法律不是明确地无效——也是值得怀疑的——根据宪法也是如此。宪法使得我们传统的政治道德与法律有效性相关……"。罗纳德·德沃金. 认真对待权利［M］. 信春鹰，吴玉章，译. 北京：中国大百科全书出版社，1998：274.

② 罗纳德·德沃金. 认真对待权利［M］. 信春鹰，吴玉章，译. 北京：中国大百科全书出版社，1998：293.

服从法律的行为后，应该主动接受法律的制裁，这样在忠于法律的范围之内，它确立了维持一种正义宪法稳定性的最终手段。虽然这种行为方式严格说来违反了法律，但它无论如何是一种维持宪法制度的道德纠正方式。① 罗尔斯的"非暴力反抗"理论补充了立宪民主的纯粹法律观念。这种反抗虽然公然违反了法律，但还是表达了对法律的忠诚，并且是诉诸民主制度的基本的政治原则的。② 而德沃金认为"善良违法"旨在"通过公民的实践以及通过抗辩程序，发展并检验法律"。

在面对守法还是违法的艰难抉择时，到底何去何从？罗尔斯和德沃金的解决办法是在两个泾渭分明的行为间注入一种态度——对法律的忠诚。虽然哈特不会让旨在惩罚告密者而未遵守太过邪恶的纳粹恶法的德国法官反过来接受该法的制裁，但他同样通过区分法律的"效力"与"实效"两个概念，突出了"法律就是法律，但太邪恶以至于不能被遵守"所体现出的对法律的忠诚之意。"法律就是法律"表达的是对过去法律"效力"的认可，即对其法律身份的认可；"太邪恶以至于不能被遵守"表达的是对该法律无"实效"的一种判断，此判断以对其法律身份的认可为前提。正是在此基础上，哈特认为他比富勒更忠于法律。

最后，哈特不轻易否定一项规则的法律身份，拒绝用道德标

---

① 约翰·罗尔斯. 正义论［M］. 何怀宏，等，译. 北京：中国社会科学出版社，1988：385.

② 约翰·罗尔斯. 正义论［M］. 何怀宏，等，译. 北京：中国社会科学出版社，1988：386.

准裁定法律，可以避免因道德相对主义不可克服的缺陷造成的无政府主义现象的出现，从根本上保证了法律独立权威的存在。同时，哈特把道德标准与判定法律的标准区别开来，向人们展示法律不一定都是"良法"的事实，进而为人们对法律进行道德批判创造了理论空间。

（二）哈特方案的弊

哈特的谨慎及其理论的自我性，也为其方案带来了不可忽视的缺陷。

首先，或许是出于对司法权侵犯立法权的顾忌，哈特主张通过溯及既往的立法来解决告密者问题。然而，'告密者案件'是摆在战后德国法院面前一个需要立即解决的案件，惩罚告密者是"世风所及"，需要尽快实现对告密者的惩罚，哈特却似乎没有意识到解决告密者问题的急迫性。所以，富勒说："不同于哈特教授的是，德国法院与拉德布鲁赫是极端急迫情形下活生生的参与者。"告密者问题"是一个紧迫问题。如果要在德国恢复法律制度，就不能允许群众自己来掌控法律，而当法院为等待一部法律的制定迟迟不能有所作为时，这样的情况就会发生。"① 另外还有学者认为，哈特方案是出于战胜国立场，主张用立法来解决问题，旨在"维护国际新秩序"，未考虑到修复德国"断裂的合法

---

① Lon L. Fuller. Positivism and Fidelity to Law—A Reply to Professor Hart, Harvard Law Review, Vol. 71 (1958), p. 655.

性"。①

　　其次,"有效性、效力和实效的概念的使用经常是混乱的,这不仅是词义的问题,更主要的是各派根本观点上的不一致造成的。"② 哈特对法律"效力"与"实效"进行区分的理论设置,可能只是法律实证主义的一家之言,甚至只是他和几位法学家的一家之言。③ 事实也证明了这一点。在哈特与富勒的争论中,存在一个基本的问题,即对溯及既往法律的使用会带来什么样的后果,双方没有达成一致意见。如前面所说,哈特认为法律的"效力"与"实效"是两个不同的概念。法律不具有"实效",并不意味着法律没有"效力",不意味着会失去其法律身份。富勒则不这样认为。在富勒看来,对溯及既往法律的引用,必然意味着

---

① 但是,如果考虑到哈特的方案并未否认纳粹恶法的法律身份,从形式上说,哈特的方案在某种程度上反而有利于维持德国法律的连续性。

② 刘杨.法律正当性观念的转变:以近代西方两大法学派为中心的研究［M］.北京:北京大学出版社,2008:160.

③ 凯尔森在《法与国家的一般理论》中详细论述了法律效力与实效之间的不同:"法律效力的意思是法律规范是有约束力的,人们应当像法律规范所规定的那样行为,应当服从和适用法律规范。法律实效意思是人们实际上就像根据法律规范规定的应当那样的行为而行为,规范实际上被适用和服从。效力是法律的一种特性;所谓实效是人们实际行为的一种特性,而不是像日常语言似乎指的那样,是法律本身的一种特性……法律作为有效力的规范体现在人们应当在这一方式下行为这一讲法里,其中并不告诉我们任何有关实际事件。上述意义的法律实效,就在于人们由其规范观念指引去遵守该规范所要求的行为。"参见:凯尔森.法与国家的一般理论［M］.沈宗灵,译.北京:中国大百科全书出版社,1995:42－43.《法律的概念》注释记载了哈特对凯尔森区别"效力"与"实效"两个概念的论述.See:H. L. A. Hart. The Concept of Law, New York: Oxford University Press, 1961:247.

纳粹法律的无效，从而使之失去法律身份。① 所以，对富勒来说，采取溯及既往的方式处理案件，就意味着纳粹法律没有产生任何实际效力，没有实效的法律当然无效。进一步讲，无效的法律就不能算作法律。因此，溯及既往的方式，只能算是一种"以最接近法律的方式使得一度为法律的东西现在变得不合法"的选择，虽然富勒的意旨并不在于此。

最后，在不赞同哈特对法律的"效力"与"实效"进行区分的理论设置的学者看来，说"法律就是法律，但太邪恶以至于不能被遵守"，只会造成"道德混淆达到了顶点"的情况出现。

## 二、富勒方案的利与弊

简要概括富勒处理"告密者案件"的立场与方法就是，否定"告密者案件"所涉纳粹恶法的法律身份，法院以溯及既往的方式惩罚告密者。

### （一）富勒方案的利

在笔者看来，从论战双方忠于法律的思路分析，富勒解决"告密者案件"的方案大致有以下三点优势。

---

① 富勒在《实证主义和忠于法律：答哈特教授》一文中说道："可以肯定的是，用一个具溯及力的刑事法规来处理告密者，至少就这些法规的目的而言，必然意味着适用于告密者及其受害人的纳粹法律会被视为无效。随着这样的转变，问题好像不再是，是否曾经一度是法律的东西现在被宣布为不是法律，而是谁应该来做这肮脏的工作，是法院还是立法机构。"Lon L. Fuller. Positivism and Fidelity to Law—A Reply to Professor Hart, Harvard Law Review, Vol. 71 (1958), p. 649.

第一，富勒感受到了处理告密者问题的紧迫性，把以溯及既往的方式处理该问题的任务交给了法院。由于能从法官的角色出发思考问题，使他的方案较哈特的方案更符合当时德国的需要，更具可行性。还有学者指出，富勒的方案主张通过司法来解决问题，"考虑到了审查纳粹法律合法性的问题"。所以，在面对"纳粹合法性中断"这个真实的道德与法律困境时，富勒比哈特更坦率。

第二，从形式上看，富勒通过否定纳粹恶法的法律身份，的确把现在与过去进行了醒目的划分，向现在的人们表明了一个态度，即纳粹的"恶法"不应被视为法律，真实的法律不应该那样邪恶，以后的法律不能是纳粹那样的法律，从而给人现在甚至是未来要与过去彻底决裂的印象，有助于保证法律的道德价值取向。

第三，富勒方案不需要坚持哈特"法律就是法律，但太邪恶以至于不能被遵守"这样的立场，也就不需要对法律的"效力"与"实效"两个概念做出区分，从而避免了为解决问题进行理论设置的必要。这更符合人们认定的法律就应该具有实效、都能够在生活中得到遵守的惯常思维。

（二）富勒方案的弊

第一，正如前面所说，哈特的"坦率"在于强调了规则背后的现实。他的选择意味着承认人们对规则秩序的认识具有不可超越的限度，有助于避免犯以现在对法律的认识来否认当时人们对法律的认识的错误。从这样的思路分析，由于富勒直接用道德判断否定了纳粹恶法的法律身份，没有看到"规则背后的现实"，从而以现在对法律的理解否认了当时人们对法律的理解，犯了"历时性"的错误。这类似于有的学者对法律的"性质资格"与"效力资格"做出区分后可能会看到的现象。① "性质资格"展示的是法律在历史上的地位与资格，"效力资格"展示的是这些法律在目前的有效性。"历时性"的错误就类似于混淆了法律"性质资格"与"效力资格"的错误。

第二，富勒要求用道德标准来判定法律身份，但是由于道德相对主义的存在，人们也许无法就法律到底应该实现哪种价值、规则是否符合道德标准进而获得了法律身份等问题达成一致意见，最终使得他的这种做法成为一种"虚无"。

第三，富勒用道德标准判定法律身份，关闭了对法律进行道德评价的理论空间，容易给人们造成只要是法律都是良法的

---

① "一种秩序被某种主权者废除并不意味着这种秩序不能称为法律。古希腊和古罗马的一些规则秩序在近现代已被主权国家废除了，但人们并不因此而否认它们在历史上的法律地位与资格。人们只是认为这些秩序在近现代没有法律效力而已。因此，这种回应……混淆了法律的性质资格与效力资格。"刘星．法律是什么：二十世纪英美法理学批判阅读［M］．北京：法律出版社，2009：8．这里的"性质资格"与"效力资格"的区分，非常类似于哈特对法律"有效性"与"实效"的区分。这一点让人意识到富勒解决"告密者案件"的方案与哈特解决"告密者案件"的方案的利与弊，在某种程度上存在背反性的现象。富勒解决"告密者案件"方案的弊恰恰是哈特解决"告密者案件"方案的优势所在；富勒解决"告密者案件"方案的利恰恰是哈特解决"告密者案件"方案的弊端所在。这实质上从一个侧面显示出了"告密者案件"蕴含的困局和要妥善解决它存在的困难。

错觉。①

### 三、一种可能的选择

对哈特与富勒方案的利弊进行归纳可以看出，两位法学家的解决方案可谓各有千秋，各执其理，谁也无法说服谁。他们之间的争论是两位法学家就何种方式能更好地实现司法正义产生的争论，也是实证主义法学派与自然法学派就何种方式处理法律与道德的冲突能更好地忠于法律的问题产生的立场、理论上的争论。

客观地说，无论是实证主义法学派还是自然法学派，其立场、理论都包含有合理的因素与成分。也就是说，实证主义法学派和自然法学派的法思想都有积极的一面，如可以归入实证主义法学派立场的"法亦恶法"的思想与自然法学派持有的"恶法非

---

① 需要指出的是罗伯特·萨默并不这样看，他说："富勒在此试图捍卫的立场是否妨碍了对法律体系的批评？主张合法性原则与诸如公平、正当之类的道德价值之间存在必然联系，并不是试图让法律免于批评。法律体系一旦存在，在一定程度上就已经是公平和正当的，这种说法是仍然留有余地的：它可能并不非常公平、非常正当。非但如此，富勒的某些观点不仅绝非排除对法律的批评，反而是让法律欢迎这种批评。"参见：罗伯特·萨默斯. 大师学术：富勒［M］. 马驰，译. 北京：法律出版社，2010：70. "在论证法律的本质具有价值负担性这一点上，富勒时常被解读为，他是在说如果法律存在，则法律一定要是其应该是的东西，由此，法律也就不可能被批评。然而，这种解读方式是错误的。即便富勒完全同意上述有关在特定社会中法律与道德存在必然联系的论证，也不会导致法律不可能被批评。这里所说的道德标准可能不过是一种'实在道德'（也即被普遍接受的道德），它可以依照被哈特和其他人称之为更加开明的'批判道德'而受到批评——批判道德是独立的道德实体，它可以被用来评价社会中的实在道德。不仅如此，即便一项实在道德或普遍道德的所有方面都可以被批判道德看作是合理的，它也有可能无法完美地按照某种方式装载到法律上，法律也因此会在这一方面成为批评的目标。"参见：罗伯特·萨默斯. 大师学术：富勒［M］. 马驰，译. 北京：法律出版社，2010：64.

法"的思想就是这种积极面向的体现。这也是为什么富勒与哈特都有理由坚持自己的方案，我们也可以从他们的方案中找到可取之处和有益之处的原因。而无论是实证主义法学派还是自然法学派，其立场、理论也都包含有不合理的因素与成分。如果把实证主义法学派与自然法学派的立场、思路推向极端，便会表现出其消极、偏执的一面，如可以归入自然法学派立场的"法皆良法"的思想与实证主义法学派持有的"恶法亦法"的思想就是这种消极面向的体现。这也是为什么哈特与富勒可以指责对方的缺陷，我们也可以从他们的方案中找到不足之处和无法避免的对忠于法律的宗旨的背离之原因。①

在面临法律与道德冲突的困境时，是选择实证主义法学派的方法，还是选择自然法学派的方法来解决问题，很难做出决断。所以富勒说："在任何法律体系中，那种既可能用理性的方式，又可能用非理性的方式处理的疑难案件与模棱两可的案件都会存在。为了解决这些案件，我们必须采取权威决断的方式，让法官与行政官员来决断这些案件，这并不是因为法官或行政官员知道如何处理这些案件，仅仅是因为必须有人来做这件事。"② 当然，就"告密者案件"而言，富勒认为自己的方案是理性的，哈特的

---

① 对实证主义法学派"法亦恶法"思想与自然法学派"恶法非法"思想积极面向的论述，以及实证主义法学派"恶法亦法"思想与自然法学派"法皆良法"思想消极面向的论述，参见：刘杨. 法律正当性观念的转变：以近代西方两大法学派为中心的研究［M］. 北京：北京大学出版社，2008：185-188.

② 罗伯特·萨默斯. 大师学术：富勒［M］. 马驰，译. 北京：法律出版社，2010：115.

方案是非理性的，哈特认为自己的方案是理性的，富勒的方案是非理性的。

富勒方案的重心在于同过去的决裂。虽然决裂之后的未来将是一幅什么样的图画，富勒没有描述，但方案本身的意旨似乎可以表明，与过去决裂的根本目的在于，在现在与将来的时间维度中类似的恶法不再出现。所以，富勒致力于通过妥善处理在"告密者案件"这一具体案例中纳粹恶法带来的法律与道德的冲突，以点带面，向世人展示一种坚持法律不应如此邪恶的态度，从而最大程度地取得一劳永逸的结果。

哈特提出的方案与富勒的不同，他要求任何时候都保持对恶法的警觉。哈特也想妥善处理"告密者案件"，但他更注重向人们展示一种永远对恶法保持警觉的态度。富勒似乎想把恶法关在生活的大门之外；哈特似乎认为生活的大门无法完全防止恶法的渗入，人们需要做的是当恶法进入生活的大门之后，如何发现它，并想办法批判它，甚至是抵抗它。

在电影《天下无贼》① 中，女主人公为保留住"傻根""天下无贼"的纯洁意识，一路上帮助"傻根"保护血汗钱不被盗贼窃取，并向"傻根"隐瞒了遇贼的所有遭遇。富勒很像这位女主人公。女主人公旨在向"傻根"展示"天下无贼"的世界，而富勒则想向人们展示一副天下不应再有恶法的图画，即通过溯及既

---

① 电影《天下无贼》讲述了浪迹天涯的亡命恋人兼扒窃搭档的王薄、王丽，在火车上被一个不相信天下有贼的打工仔"傻根"的纯朴打动，为了保护"傻根"的血汗钱，与另一个扒窃团伙进行了一系列明争暗斗的故事。

往的法律否定纳粹恶法的法律性，并惩罚告密者，达到与过去决断的目的。正如本书前面所述，他把这次利用道德标准否定恶法法律身份的做法，当作"从司法程序的正常功能中隔离出一种清除运作的手段"。哈特则更像男主人公，旨在打破这种"天下不应再有恶法"的"谎言"。男主人公在电影中就为什么要向"傻根"揭示天下并非无贼的真相所做的解释，可以很好地表达出哈特对恶法任何时候都有可能出现的警觉，男主人公对女主人公说道："他（傻根）凭什么不设防啊？他凭什么不能受到伤害？凭什么？是因为他单纯啊？他傻？你为什么要让他傻到底？生活要求他必须要聪明起来。作为一个人，你不让他知道生活的真相，那就是欺骗。什么叫大恶？欺骗就是大恶！"

我们当然不能说富勒是在欺骗。富勒只是向我们展示了他对法律的看法和态度，向我们展示了他对法律以后应该怎样的期望。但哈特的警觉也并非庸人自扰。阿伦特在谈论以色列审判纳粹灭绝犹太人的刽子手艾希曼（Adolf Eichmann）时，就对人类可能再次做出艾希曼那样的邪恶行为表示了担忧。① 制造恶法的

---

① "虽然制裁了他，一想到将来可能仍有同样的犯罪发生，就不太高兴了，这是假定并不能够除去这种不能否定的可能性。这种可怕的可能性既可以从一般的理由考虑，也可以从特殊的理由来考虑。这种一旦发生过，而且被记载在人类历史上的行为，当所有的这个事实成为过去之后，很长的一段时间里，作为可能性，依然留在人类之中。这是人类行事的特征。即任何的惩罚都不具有足以阻止人类重新犯曾经被惩罚过的罪行。相反，不论进行什么样的惩罚，至今它未曾有过的罪行一旦发生了的话，同类犯罪重新再发生比它新登场的可能性大得多。"汉娜·阿伦特. 伦理的现代困境 [M]. 孙传钊，译. 长春：吉林人民出版社，2003：41.

行为当然也属于阿伦特所说的这种一旦发生就可能再次出现的行为，历史也证明了这一点。因此可以说，也许哈特的方案似乎更加深谋远虑，对人性的体悟更加深刻与实际。他也似乎更接近成为伊·亚·伊林笔下所描述的那类认识到了自己正在从事什么样的事业、自己需要做什么的法学家。①

---

① "法学理论家必须牢记，他所从事的认知事业，应该具体地得到实现：他在制造'对法律的压力'时，不能靠杜撰，不能靠想象，也不能靠'制作标本'；他应该客观地揭示制定法的涵义、意义和内容，展示制定法的全部优点和缺陷；他应该展示的，不仅仅是制定法的那些已经存在于实践中的方面，而且还有那些至今仍藏于密室的、有可能引发新的冲突、误解、判决不公和灾难的方面。"伊·亚·伊林. 法律意识的实质［M］. 徐晓晴，译. 北京：清华大学出版社，2005：17.

第三章

# 法理论的较量

哈特、富勒"告密者案件"之争是关于解决案件的不同方案的争论，是通过论证其效果显示理论立场优越性的争论。但这只是双方争论的外显形式，决定这一切的是哈特、富勒对"法律是什么"的不同认识，是他们所建构的法理论的差异。所以，双方根本的较量是他们法理论间的较量。哈特、富勒从法律与道德的关系这一问题着手，各自阐述了自己对"法律是什么"的看法，为我们提供了分析他们认定纳粹恶法身份的理论依据。同时，也可以让我们了解到他们的法理论对法律与国家关联性的"表达"与处理。

## 第一节　"哈富论战"中理论与现实的关系辨析

一方面，哈特与富勒围绕"告密者案件"产生的争论的确对他们所持的理论立场起到了实践验证的作用，有助于他们的理论赢得"真理"的地位。但另一方面，我们不能忽视理论对现实本身的巨大塑造力量。法哲学中关于法律概念的争论就是如此，它看起来是最简单的语言上的争论，但是，如果法律人真的对法律采取这种看法并付诸实践，那么就会对社会现实产生现实的影响。① 富勒对这点也有精辟的讲述，他从论述有关法律定义语词之争的现实影响出发，分析了法理论对现实的作用，他说："如果说法律人的法律观型造了法律人自己，那么在其影响所及之处，他反过来也型造了他所生活于其中的社会，这是利害攸关的。我们不能把有关法律的合理定义的争论，仅仅作为对词义的争执而放弃。如果就此而放弃，就如同因为引发战争的口号是逻辑上无意义的，或者该口号没有阐述战争双方之间的一个明确问题，而否认战争的真实性一样，犯了一个愚蠢的错误。如果把法律定义仅仅看作语词的话，它们也是指导人类力量适用的语词，在其影响所及之处，它们就不应该被关切现实的法哲学所忽视。"② 所以，哈特与富勒在"告密者案件"上的争论，也许不仅仅是他们为了证明自己法理论的"真理"性而对自己法理论解决现实困境的实际运用，他们可能还有所暗示，即以此展示自己

---

① 强世功．法律的现代性剧场：哈特与富勒的论战［M］．北京：法律出版社，2005：50.

② Lon L. Fuller. The Law in Quest of Itself［M］. Chicago：The Foundation Press，1940：4. 罗伯特·萨默斯就富勒有关理论对现实塑造作用的认识从另一个角度做了论述，他在《大师学术：富勒》中说："他还担心，人们错误地当作事实接受的东西就有可能变成事实。"这个他指的就是富勒。参见：罗伯特·萨默斯．大师学术：富勒［M］．马驰，译．北京：法律出版社，2010：65.

的法理论与法思想能对未来人类社会的塑造产生积极作用。这无疑进一步促使论战双方为自己的理论穿上了实用主义的外套，向外界展示了其关注立场所致的结局之效果的形象，① 最终再一次加深了人们心目中双方有关"告密者案件"的争论只是效果比拼的印象。从这样的视角出发，很多学者在评析哈特、富勒"告密者案件"之争时，会无意识地跟随当事者的言辞，走上仅仅对双方法理论立场实用于"告密者案件"后的效果进行评价的常规研究路径。

理论对问题的一般抽象一旦从具体的体验和具体的问题提升出来，就具有了自身的生命力；它似乎在开辟远离生活实践的自身的历史和世界，以至于我们在讨论法律与道德的关系问题的时候，往往不是从生活现实中具体的历史事件入手，而是直接从抽象的一般理论入手，不是使理论回到生活现实，而是在远离生活的道路上越走越远。② 与之相反的是，对现实问题的解决一旦脱离理论的支撑，即抛开解决方案由之而来的理论，仅仅关注解决方案的选择，便成了简单的观点的对峙和立场实用性的比拼，这样的解决方案只能是无源之水，无本之木。哈特与富勒在"告密者案件"上的争论，事实上就是两位"法官"就该案件拿出了相异的解决方案后出现的争执，而这不同的方案体现的是"法官"

———————————

① 如波斯纳就认为哈特和富勒的策略都是实用主义的，都关心是用实在法还是自然法的语词来实现惩罚纳粹的人类价值。参见：波斯纳. 法理学问题 [M]. 苏力，译. 北京：中国政法大学出版社，2002：299 – 300.

② 强世功. 法律的现代性剧场：哈特与富勒的论战 [M]. 北京：法律出版社，2005：4.

相异的法理论和法思想。①

　　有学者说得对，20 世纪英美法理学的各种理论，都有本身的学理根据，它们之间的不同或争论，与其说是观点设想的交锋，不如说是学理根据的对抗。就此而论，真正的批判阅读，应该是理由层次上的追寻与辩驳。理由的分析与把握，可使阅读不仅知其然，知其所以然，而且更为重要的是，在明晰理解的基础上进行深层次的"交往与对话"②。对"哈富论战"进行哲学、理论与现实关涉的两分解读是完全错误的，多伦多大学法律和哲学教授大卫·迪森豪就认识到了这一点。他认为，哈特、富勒有关"告密者案件"的论争是鉴于被他称作理论层次和基础层次之两者连接点上的关于司法职责的争论，即法律理论的司法解释层次和合法性自身所要求的司法解释层次之连接点上的争论。此外，基础层次的观点会对理论层次上的观点造成影响。③ 大卫·迪森

---

① 这也正如德沃金所说："法律哲学家对任何法律推论必须具有的一般性问题，对任何法律推论必须具有的解释基础，具有不同的意见。我们可以将硬币翻过来。任何实践的法律推论无论怎样具体或局限，都预设了法理学提供的那类抽象基础。当对立的抽象理论基础相互对抗时，一种法律推论总是接受一个而拒绝其他。所以，任何法官的意见本身就是一篇法律哲学，即使这种哲学隐而不露，即使显而易见的推论充满了条文引证和事实罗列。法理学是审判的一般部分，是任何法律判决的无声序言。"Ronald Dworkin. Law's Empire [M]. Cambridge：Harvard University Press, 1986：90. 转引自：刘星. 法律是什么：二十世纪英美法理学批判阅读 [M]. 北京：法律出版社，2009：142. 在哈特提出的解决方案中，诉诸了立法机构溯及既往的立法，这使得哈特超越了法官的角色，完全成为一个法学理论家。后来这也成为富勒攻击哈特的很好理由。

② 刘星. 法律是什么：二十世纪英美法理学批判阅读 [M]. 北京：法律出版社，2009：2.

③ See：David. Dyzenhaus, The Grudge Informer Case Revisited, New York University Law Review, Vol. 83（October 2008），p. 1008.

豪教授所指的基础层次上的观点，是对合法性自身所要求的是什么的认识，就是对法律秩序为何的看法。理论层次上的观点，就是基于基础层次而来的对案件解决方案的设计。如果进一步分析大卫·迪森豪对哈特、富勒"告密者案件"之争的理解还可以得知：他所说的哈特、富勒关于法律秩序为何的争论，某种程度上就是双方有关法律制度为何的争论。而"当对某种制度是否为法律制度有不同看法时，也许就意味着对法律概念一词有不同看法，而且，也意味着争论者是在不同意义上形成了法律观念"。①所以，要理解哈特、富勒在"告密者案件"上深层次的对话，必须弄明白双方观点背后的法理论和法思想②，必须先理解双方在基础层次上的观点。也就是说，必须认识到在这里，有关自然法与法律实证主义的种种"帽子"、山头与旗帜都并非至关紧要，要理解论战双方对案件解决方案的设计，关键要把握他们必须面

---

① 刘星. 法律是什么：二十世纪英美法理学批判阅读 [M]. 北京：法律出版社，2009：7.

② 邹立君的一段话对此意做了很好的诠释："如果我们同意正是与哈特为代表的法律实证主义者的论战在某种程度上促进了富勒自身法律理论的发展，那么我们就不应该停留在如何评判他们之间的是与非、对与错、高与低等没有理论增量的认知中，而应该深入辨识这些争论背后的理论支撑、理论内涵以及意义"。参见：邹立君. 良好秩序观的建构：朗·富勒法律理论的研究 [M]. 北京：法律出版社，2007：42.

对的问题，即"法律是什么"的问题，或者说是法律的概念问题。①

　　而为了不忘记支撑案件解决方案的法思想、法理论，尤其是哈特、富勒对"法律是什么"的不同认识，就不能使他们围绕"告密者案件"发生的争论脱离双方整个论战的大背景，成为一个孤立的事件。如果把"哈富论战"编写成一个剧本，剧情的发展过程应当是哈特、富勒各自法理论与法思想的形成过程，是双

-----

① 支振锋. 驯化法律：哈特的法律规则理论［M］. 北京：清华大学出版社，2009：18. 在这里我的思路与《驯化法律：哈特的法律规则理论》的作者在书中的思路有些近似，都是从问题和解决问题的进路，分析研究对象的法理论，但目的却大相径庭。《驯化法律：哈特的法律规则理论》的作者通过把握自然法和实证法所面对的问题和对问题的解决，梳理与澄清哈特的法理论。而我同样通过这些问题和哈特与富勒各自对问题的解决，理解他们的法理论与思想，旨在回到双方对于"告密者案件"的争论上来，对有关整个论战的这一环节给予更好的解读与评价。另外，马丁·戈尔丁教授在《追溯既往立法与法治的恢复》一文中指出，在富勒自己看来，其与哈特之间的关键问题……是忠实于法律的理想问题。参见：马丁·戈尔丁. 追溯既往立法与法治的恢复［J］. 法制现代化研究，顾速，译，1995（00）：91. 富勒在《实证主义和忠于法律：答哈特教授》中的原话是"现在，双方都明确地承认，一个主要的问题在于，我们如何最好地定义及服务于忠实法律的理想"。See：Lon L. Fuller. Positivism and Fidelity to Law—A Reply to Professor Hart，Harvard Law Review，Vol. 71（1958），p. 632. 需要明确的是，定义及服务于忠实法律理想的问题暗含着对法律是什么的理解和看法，是对法律定义的另一种表达。在《法律的道德性》中富勒把法律看作一种事业，法律在富勒心中就是一个不断完善的过程，是一种应然与实然的结合。如果直接把焦点指向如何定义法律的问题，就容易把所做的定义当作"经验材料的简单反映"，把如何定义法律的问题转化为如何定义忠于法律理想的问题，可以更好地把法律体现为一种过程，一项事业。正如富勒自己所说："要克服这种局面，我们所需要做的就是承认：法律实证主义对'法律实际上是什么'的定义不是对一些经验材料的简单反映，而是指出人类努力的方向。"Lon L. Fuller. Positivism and Fidelity to Law—A Reply to Professor Hart，Harvard Law Review，Vol. 71（1958），p. 632. 所以，如何定义及服务于忠实法律理想的问题，是对"法律是什么"的另一种表达，最终要归咎为对法律的定义。

方对"法律是什么"这一问题做出回答的全过程。贯穿剧本的主线则是哈特、富勒法理论与法思想的碰撞和较量。如此理解，他们有关"告密者案件"的争论就只是剧本中的一个情节，要充分理解这一情节，就不得不回到整个剧情中去，而且要重点掌握各情节之间的关系。待到剧情完结后，也即在哈特、富勒各自法理论最终形成之后，带着对他们完整的法理论的理解和评价，带着对他们就"法律是什么"的回答之认识，带着对他们立场与观点的来龙去脉的把握，返回到剧本中双方围绕"告密者案件"发生争论的这一情节，重新审视他们在这一问题上的立场、观点的分歧，会给我们带来对该情节和问题更加透彻的解读，也能对双方解决方案给予更加准确的评价。

## 第二节 法律与道德的分与合

"什么是'法律'"作为法思想和法理论的元命题，直抵思想底线。虽然从未有法学家给出过令所有人满意的答案，可人们也从来没有放弃过追问和对答案的寻找，因为对它的回答，是所有法理论和法思想形成的前提。但是该问题在很大程度上不能由自身加以解决。其解决有时可能依赖对周边问题的理解，如法律的作用、法律的效力、法律的目的、法律的推理、法治、道德认识、哲学思考、政治道德姿态……这些对核心问题有着重要的参照意义，并且，有时周边问题的认识甚至决定了核心问题解决的方向。① 人们很难从"什么是'法律'"这个问题本身出发去寻找答案，这时，对周边问题的回答就成了回答这个元命题的途径。哈特与富勒正是围绕着对法律与道德关系问题的阐释与说明，折射出各自的法律观，并形成了自己对"法律是什么"的看法。

## 一、法律与道德的分离

正如有学者所说："法律实证主义与自然法学派的相互攻击都言之凿凿，那么症结究竟何在？根源在于他们对"法律"的定义不同，这就不能不提及法律实证主义的'分离命题'（法律不代表或不能等同于道德正义，恶法亦法）"。② 分析法学通过明确区分"法律应该是什么"（what it ought to be）和"法律实际上是什么"（what law is），把法律与道德分离开来。而最早主张法律与道德相分离的是分析法学的创立者边沁（Jeremy Bentham）和奥斯丁（John Austin）。

（一）法律与道德相分离的立场

1776 年边沁发表了《政府片论》（*Fragment on Government*）一书。在形式上该书是为批判布莱克斯通（William Blackstone）的《英国法诠释》（*Commentaries on the Laws of England*）而著，

---

① 刘星. 法律是什么：二十世纪英美法理学批判阅读［M］. 北京：法律出版社，2009：14.

② 刘杨. 法律正当性观念的转变：以近代西方两大法学派为中心的研究［M］. 北京：北京大学出版社，2008：183.

但仔细阅读会发现，实质上它表达了边沁在后来始终坚持如一的功利原则之思想。因为边沁并没有仅仅立足于对《英国法诠释》的"破"，而是在"破"的过程中不断重复着自己的观点，阐发着自己的理论，以此纠正布莱克斯通的看法。在书中边沁没有明确提出法律与道德分离的命题，但他认为，针对法律提出自己看法的人有两类：解释者和评论者。解释者旨在说明"法律是什么"，评论者旨在说明"法律应该是什么"。① 这可以看作是分析法学对"立法学"与"法理学"做出区分的最早线索。更为重要的是，他还提出了一个事实上是坚持法律与道德相分离立场的著名论断，即面对法律要"严格地服从，自由地批判"②。作为一位法律改革家，边沁将理论论述的重心放在了"自由地批判"这一论断上，没有重点阐述"严格地服从"之思想。即使如此，在书中也能找到他对为什么要"严格地服从"法律所持理由的片段，如他在注释中说到："如果公然地反对现行法规的新决定是有危害性的，这到底是根据什么理由呢？这是因为它会使人们的预期全都发生偏误，而且使人们对于法规的稳定性的信心发生动摇，不管这些法规是合理的或不合理的。人类一切有价值的东西，正是要依靠这种稳定性。"③

《政府片论》发表 13 年后，边沁出版了另一本著作《道德与立法原理导论》（*Introduction to Principles of Morals and Legisla-*

① 边沁. 政府片论［M］. 沈叔平，等，译. 北京：商务印书馆，2007：97.
② 边沁. 政府片论［M］. 沈叔平，等，译. 北京：商务印书馆，2007：99.
③ 边沁. 政府片论［M］. 沈叔平，等，译. 北京：商务印书馆，2007：109.

tion)。在此书最后一章，他明确提出了区分"立法学"与"法理学"的观点，表达了区分批评性的法学与阐释性的法学之态度。批评性的法学倾向于伦理学，阐释性的法学则属于法律科学。这是对"法律应该是什么"和"法律实际上是什么"二分的全面阐释。此二分法被视为分析法学形成的重要标志。除此之外，边沁在书中还零星地表达了将法律看作一种命令的思想。这一思想在其后来的《法律概要》（*Laws in general*）中得到了更加清楚的论述。

由于边沁《法律概要》的手稿很长时间没有被发现，再加上人们大多都把注意力投入去关注边沁的功利主义思想，所以，学界最早是从奥斯丁的《法理学的范围》（*The Province of Jurisprudence Determined*）中接触和认识了分析法学的主要观点。

奥斯丁继承和发展了边沁的法律思想。他也主张功利主义，同时把边沁的思想"系统化""精巧化"。最为关键的是，他坚持了边沁没有明确阐述但实际上持有的法律与道德分离的立场，认为"法律实际上是什么"是一回事，"法律应该是什么"是另一回事。并且给予法律一个清晰的定义："法律是主权者的命令。"具体到《法理学的范围》中，奥斯丁将广义上的法分为"神法""实际存在的由人制定的法""实际存在的社会道德"和"隐喻意义上的法"四类，认为只有"实际存在的由人制定的法"才是"法理学的真正对象"，而此类法实为一种"命令"。"神法""实际存在的社会道德""隐喻意义上的法"等社会现象之所以与"实际存在的由人制定的法"产生联系，是由于人们类比式的修饰活动以及对"法"这一称谓的随便使用所致。

奥斯丁在立论过程中充分运用了休谟（David Hume）提出的区分事实判断和价值判断的命题。他不仅同边沁一样，区分了"立法科学"和"法律科学"，主张"实际存在的由人制定的法应当如何"的问题属于"立法科学"研究的问题，并将"立法科学"归入"伦理科学"的范畴，甚至在"伦理科学"内部将"实际存在的道德实际怎样"的问题与"实际存在的道德应该怎样"的问题区分开来，实现了"伦理科学"内部价值判断与事实判断的二分。也正是基于这种区分应然与实然的方法，奥斯丁在《法理学的范围》中成功地将代表实然的实在法与代表应然的道德分离开来。

从边沁到奥斯丁，法律实证主义有一条基本的主线贯穿始终——即坚持法律与道德相分离的立场。哈特的法理论与这两位前辈的思想有密切的联系，虽然他不赞成法律的命令理论，却坚定地捍卫法律与道德相分离的命题。

（二）哈特为法律与道德分离命题的辩护

由于二战的影响，法律与道德分离的主张颇受质疑，分析法学一度消沉。然而，哈特对边沁与奥斯丁的法理论情有独钟，早在就任牛津大学法理学教授之前的 1952 年，他就开始写作用于上课的讲稿。按照妮古拉·莱西的讲述，这期间的一系列稿件后来成了《法律的概念》的组成部分。由此可见，在成为法理学教授之前只是哲学系教师的哈特，是带着分析法学的基本立场进入法学领域的。

1953 年就职演讲前，哈特的两个学术举动进一步展示了其具有分析法学立场的事实。他首先发表了一篇题为《1945—1952 年英国的法哲学与法理学》（*Philosophy of Law and Jurisprudence Britain* 1945–52）的文章，矛头主要指向当时美国盛极一时的现实主义法律理论，出发点则是捍卫英国分析法学的"独特重要性"。第二个重要举动是，重新出版了奥斯丁的《法理学的范围》一书。妮古拉·莱西认为，哈特的这一选择发出了一个明确的信号，即他旨在"努力恢复某种传统并希望在这门学科中留下自己的印记"。毫无疑问，这里的"某种传统"正是自边沁和奥斯丁以来确立的分析法学的传统。该传统最基本的观点是应然法（law as it ought to be）与实然法（law as it is）相区分的立场，核心主张就是法律与道德相分离的命题。

在就职牛津大学法理学教授后，哈特更有条件在法学界重新发出分析法学的强音，并得到回应，他自己也有这样的愿望。1956 年哈特受邀到哈佛大学访问，抵达哈佛不久，他在日记中记载了打算完成的几项工作，其中包括写一篇有关博登海默（Edgar Bodenheimer）在《宾夕法尼亚法律评论》上对他《法理学的定义与理论》（*Definition and Theory in Jurisprudence*）一文的批评性文章的回应性论文。1953 年哈特将《法理学的定义与理论》用于牛津大学法理学教授的就职演说。他这一回应的直接学术成果就是 1957 年发表的《20 世纪中期的分析法学：对博登海默教授的回答》。文中哈特发展了自己分析法学的理论，许多观点后来在《法律的概念》中得到阐发。

　　哈特计划的工作还包括完成一篇"关于意大利法哲学家的论文"。"意大利法哲学家"具体指谁哈特没有明说，但是从当时的情况看来，很可能指的是登特列夫（Alexander Passerin d`Entreves）。登特列夫是意大利著名的自然法学家，也是哈特在牛津的同事。其体现自然法立场的著作《自然法：法律哲学导论》（*Natural Law：An Introduction to Legal Philosophy*）于1951年初版，1952年重印。在《自然法：法律哲学导论》中，登特列夫坚持法律与道德无法分离的观点。持法律与道德分离立场的哈特，在哈佛期间计划写作一篇回应登特列夫的文章，以捍卫分析法学法律与道德相分离的命题似乎是顺理成章的事情。登特列夫的《自然法：法律哲学导论》10多年后再版，其中加入了三篇论文，包括一篇对哈特分析法学理论进行批判的文章《善的感知的一个核心：对哈特教授的自然法理论的反思》，这一事实为前述判断提供了强有力的支持。

　　最为重要的是，哈特将完成一篇旨在阐述新法律实证主义"主要研究范围"与"主张"的文章纳入工作计划中。这篇文章就是后来他在霍姆斯讲座上的报告《实证主义与法律和道德的分离》。妮古拉·莱西在哈特传记中记载，该文是哈特在"主权""法律体系的基础"等主题中特意挑选出来作为报告内容的，意图正是要"正面捍卫分析法学和法律实证主义"。

　　可以说对分析法学和法律哲学关注的升温，哈特的功劳比其他任何一个哲学家都大。他对奥斯丁法理论的继承与批判和对自身理论极具智慧的辩护，激发了许多有关该主题的辩论和兴趣。

而所有这一切，都要从哈特在《实证主义与法律和道德的分离》中对实证主义坚持法律和道德分离立场的相关理论于不同方面受到的各种批评的分析，进而表现出的他对法律和道德分离立场的辩护开始。事实上，该立场也正如文章题目"实证主义与法律和道德的分离"所展现的那样，是该文的主线，成为哈特要捍卫的基本观点。

　　具体说来，哈特在《实证主义与法律和道德的分离》中捍卫法律与道德分离命题的论述，可以分为八个部分，而非文章表面结构显示的六个部分。在文章中，哈特陈述了分析法学的创立者边沁和奥斯丁区分应然法与实然法的主张，即法律与道德分离的立场，并表达了支持的态度。他澄清了外界有关分析法学对法律与道德关系之看法的误解，认为外界错误地把功利主义的三种学说联系起来理解，做出了错误的判断。这三种学说分别是：法律与道德相分离的学说；对法律概念进行纯粹的分析性研究的学说；法律的强制理论，即法律就是命令的理论。哈特强调它们是相互独立的学说，例如，即使把法律看成是一种命令的法律强制理论是错误的，也不能否认法律与道德的分离命题。除此之外，哈特在注释中还列举了被认为是"实证主义"的另外两种学说。一种是有关形式主义的学说，它把法律体系看成封闭的体系，认为逻辑推理对法律的运作起着主导作用。此种学说从阐述法律出发，坚持了法律与道德的分离命题。另一种是有关伦理学上的"非认知主义"的学说，认为道德判断无法从理性中推出，也无法得到理性的证明。此种学说从道德分析出发，同样坚持了法律与道德的分离命题。

在《实证主义与法律和道德的分离》列举的有关"实证主义"的五种学说中，哈特尊重对法律概念进行纯粹分析性研究的学说。所以，为了捍卫法律与道德的分离命题，他解析了其他三种学说，其中穿插论述了为法律与道德的分离命题辩护的其他相关内容，围绕"告密者案件"的争辩就是其一。①

当然，哈特还是首先对法律命令理论做了分析。他对奥斯丁的法律命令说做了概括性的论述，解析了法律命令理论的错误，认为把法律看作主权者的命令无法完全解释法律现象，并在该论题的总结中重复了前面的观点，他说："然而，它们都无法证明功利主义者所坚持的法律的存在与其'价值'相分离的立场是错误的。"②

首先，在文章中哈特提出了"阴影"理论来揭示形式主义的错误。正如前面所说，形式主义将法律体系看作一个封闭的逻辑体系，认为法律体系是完美无瑕的，包容一切情况的逻辑体系，只需三段式的逻辑推演就可得出合理的结论。"阴影"理论否定了这一"幻想"。哈特将语言分析哲学引入到自己的研究中来支撑"阴影"理论。在他看来，人类词汇的含义由具有确定意义的标准情形和意义存在争论的"阴影"情形构成。由于法律规则存

---

① 正如本文其他章节所论述的那样，哈特的一个基本观点是，解决"告密者案件"的方案应该坚持法律与道德相分离的立场。对该论题的分析是本文的主题，在其他章节都会涉及，所以在此不再展开论述。

② H. L. A. Hart. Positivism and the Separation of Law and Morals, Harvard Law Review, Vol. 71（1958），p. 606.

在"阴影地带"，处于此地带中的案件是无法用三段式的逻辑推理得出合理的法律结论的。

同否定法律命令说一样，哈特认为形式主义的错误无法证明功利主义者区分实在法与应然法的做法是错误的。基于对该主题进一步的证成，他提出的"阴影"理论同时还否定了形式主义持有的"在'阴影地带'法官无须造法，只需发现法律，他可以通过援引隐藏在法律规则中的'社会目的'来裁决案件"的主张。

其次，哈特还初步提出了最低限度自然法的观点。他认为保障生存是法律体系必须具备的目标和必须满足的内容，除此别无其他。与必须保障生存的目标一样，对于法律的普遍性和同样情况同样对待的形式正义，也可以看作是法律与道德重合的理由。但是，由于满足了这两项道德要求的法律仍然可能是恶法，这样的恶法也可能被人遵守，所以，主张法律与道德相分离的观点在此纬度上依然是无法辩驳的。

最后，哈特把矛头指向了伦理学上的"非认知主义"。在他看来，虽然"非认知主义"认为道德判断无法从理性中推出，也无法得到理性的证明的观点是错误的，但这并不能推出法律与道德分离的命题同样是不正确的。分离命题并不依赖伦理学上的"非认知主义"而存在。富勒反对伦理学上的"非认知主义"，哈特把他当作旨在通过反对该学说，进而否定法律与道德分离命题的主要人物加以"批判"。从哈特对富勒的反驳看，哈特实际上是在另一领域展开了对法律与道德分离命题的辩护。在富勒看来，人们在解读规则时会带着一个符合道德判断的目的取向去理解规则，所以当法官遇到新案件时，他就不是通过造法判案，而是在发现规则中蕴含的、连贯的目的来判案。哈特则认为，法官通过寻找规则中连贯的目的判案的情形很少出现。更为关键的是，即使规则中蕴含有连贯的目的，即规则内存在对应该怎么样的要求，但该目的也未必是道德目的，那么应该怎样的要求也就并非一定是道德上的应然要求了。

《实证主义与法律和道德的分离》是哈特第一篇全面、系统地捍卫分析法学法律与道德相分离的基本立场的文章。后来出版的《法律的概念》表明，他的这些观点并没有什么实质性的改变，只是在不断完善自己法理论的过程中对这些观点进行了更充分的分析，旨在增强这些论点的说服力。更晚一些的针对《法律的道德性》所写的书评《朗·L. 富勒:〈法律的道德性〉》，虽然有些论点没有涉及到，但对提及的上述观点哈特都坚持了原先的立场。

其实，哈特在与德夫林（Patrick Devlin）的论战中成型而于1963 年出版的《法律、自由与道德》（*Law, Liberty and Morality*）一书中，对法律与道德的关系做了总结性的梳理，围绕该主题他归纳出四类问题，分别是：法律的发展是否曾受到道德影响，与此问题相关的是，道德的发展是否曾受到法律影响；法律或法律体制的定义是否必须以某种方式援引道德，即法律与道德的部分重叠及其对权利、义务等词汇系统的共享是否是偶然现象；法律是否会以开放姿态面对道德批评，即对有效法律规则的承认是否必须排除道德对它的批评；某种不符合道德的行为是否可以成为由法律惩罚的行为，对道德的强制执行是否道德。① 在这四类问题中，第二类问题可谓法律与道德关系的核心问题，因为对它的回答直接关涉对法律与道德分离命题的态度。哈特在《法律、自由与道德》中延续了《实证主义与法律和道德的分离》的基本立场，认为法律或法律体制的定义并非必须以某种方式援引道德。法律与道德的部分重叠及其对权利、义务等词汇系统的共享是偶然现象。哈特坚持法律与道德相分离的立场，部分理由正是要在第三类问题上给出肯定的答案。同本文在分析哈特解决"告密者案件"的方案的优势时所述的一样，哈特认为，只有在法律与道德的分离中，法律才会以开放的姿态面对道德评价，对有效法律规则的承认才不会排除道德对它的批评。②

## 二、作为法律内在道德的"合法性原则"之确立

富勒对法律与道德分离命题的否定，并非始于他对哈特《实证主义与法律和道德的分离》一文的回应性文章《实证主义和忠于法律：答哈特教授》。在更早的学术成果中，富勒就坚持了法律与道德存在必然联系的立场，这些学术成果主要有：著作《法律在探寻自己》以及论文《人类的目的与自然法》（Human Pur-

---

① H. L. A. 哈特. 法律、自由与道德［M］. 支振锋，译. 北京：法律出版社，2006：3－5.

② 另外，哈特对第一类问题的回答是肯定的，他不否认道德对法律发展的影响，也不否认法律对道德发展的影响。第四类问题是哈特与德夫林争辩的核心问题。他们争论的焦点是，是否可以以法律形式强制禁止同性恋行为。在此问题上哈特持否定态度，认为用法律强制禁止同性恋，这个行为本身是不道德的。

pose and Natural Law）。哈特对富勒的类似思想非常了解，正如前面说到的，他认为富勒在很多学术著作中，都通过反对伦理学上的“非认知主义”和把目的注入法律规则中，否定了坚持应然法与实然法相区分的立场的理论，进而否定了法律与道德分离的命题。

《实证主义与法律和道德的分离》一文中，哈特不仅明确提及了富勒的名字，并且直接引用了《人类的目的与自然法》中的部分语句作为分析和“批判”的对象。所以，虽然学界一般把哈特在霍姆斯讲座上的报告《实证主义与法律和道德的分离》作为论战的导火索和起点——包括富勒在总结自己与哈特的论战时也这样认为，但如果要对论战寻根究源的话，似乎可以把“哈富论战”的起点向前推移。因为仔细分析《实证主义与法律和道德的分离》不难得出这样的结论：论战的真正源头是，富勒在其早期学术成果中表达出来的法律与道德存在必然联系的立场与理论观点。如果要找一个准确的点，那就应该是哈特在《实证主义与法律和道德的分离》中直接论及的富勒的论文《人类的目的与自然法》。虽然，富勒写作《人类的目的与自然法》并非针对哈特的理论观点，但该文的观点则成为后来哈特在《实证主义与法律和道德的分离》中反驳的对象。

当然，在《实证主义和忠于法律：答哈特教授》中，富勒为法律与道德存在必然联系的观点提供了更多的理论支持，使得该观点更丰满和成熟。在该文中，他初步阐述了法律的内在道德（inner morality）理论，认为秩序和规则本身需要满足一定的道德要求才能存在。反之同样成立，即秩序和规则的存在也就意味着它们已经满足了一定的道德要求。

后来，富勒在《法律的道德性》中明确提出了法律的八项内在道德原则，即法律的合法性八原则，它们分别是：一般性原则、公开性原则、非溯及既往性原则、明确性原则、一致性原则、可行性原则、稳定性原则、官方行为与法律一致性原则。富勒又把它们称为 "程序自然法"（procedural natural law），认为法律只有在满足了这八项原则的条件下才能成为法律。

法律的 "合法性原则"（principles of legality）是富勒坚持法律与道德存在必然联系的观点的主要理论根据。但是，论战的另一方哈特并不认为 "合法性原则" 是道德原则。① 作为为法律与道德分离命题进行辩护的一个环节，哈特表达了对富勒把所有 "应当" 的要求都归结为道德属性之意图的反感。在其为《法律的道德性》所写的书评中，哈特详细论述了自己对 "合法性原

---

① 哈特在《实证主义与法律和道德的分离》中说："我认为，我们必须谨防用太过于简单的方式去思考 "应当" 这个词……‘应当’一词仅仅意味着一些批评标准的存在；这些标准之一，是道德标准，但并非所有的标准都是道德性的……我们对邻居说‘你不应该说谎’，这肯定是道德判断，但我们不要忘了，一个追悔莫及的投毒者也许会说‘我应该让她多服一剂’。" H. L. A. Hart, Positivism and the Separation of Law and Morals, *Harvard Law Review*, Vol. 71（1958），pp. 612 – 613.

则"性质的认识。① 在他看来，八项"合法性原则"具有应然性，值得追求，但它们不是具有道德性质的原则，其实质只是一种功效原则，目的则是为了"使人类行为服从规则"。

论战中，富勒通过近似于法社会学视角的分析已经回应了哈特的指责。在笔者看来，遵循富勒的思路并进行扩展，"合法性原则"的道德属性还可以得到更有力的证成。在此，笔者以富勒的思路为基准，并在分析过程中试着向道德哲学的向度扩展，对"合法性原则"的道德性质做一简要论述，进一步展示富勒所主张的法律与道德存在必然联系的论点具有的合理性。②

道德只能是出于人而且为了人的。所以，无论把道德理解为什么，也无论怎么理解道德③，要确定"合法性原则"的道德性质，就得回答它是出于谁、又是为了谁的问题。

---

① "'内在'一词的力量在于强调这样一个事实：这些形式的法律优点并非源于正义原则或与法律的实体目标或内容相关的其他'外在的'道德原则，而毋宁是仅仅通过一个非常现实的考量而获得的——这个考量是，对于有效率地实现引导人类行为服从规则的目的而言，什么是有必要的。……而实际上它们也就是一些关于良好技巧的原则。"H. L. A. 哈特. 法理学与哲学论文集 [C]. 支振锋，译. 北京：法律出版社，2005：362. See：H. L. A. Hart. Essays in Jurisprudence and Philosophy [M]. Oxford：Clarendon Press, 1983：347.
② 本部分内容笔者以"论富勒'合法性原则'的道德性与制度化"为题，发表于《河北法学》2011 年第 6 期。参见：张智. 论富勒"合法性原则"的道德性与制度化 [J]. 河北法学，2011，29（6）：171 – 175.
③ 此处，原文作者的意思是人有别于其他物种，具备道德是人区别于其他物种的标志，道德出于人类，又为了人类。在这里，论者不必把道德如此哲学化，而是把道德的预设出处与价值指向角色化了。参见：崔宜明. 道德哲学引论 [M]. 上海：上海人民出版社，2006：41.

（一）"合法性原则"的道德价值载体：公民人格

安排秩序、推行制度都需要有文化价值的支持，而文化价值信念的核心则在于对人的理解。正是由于对人的看法直接影响到对制度必要性的判断，对制度创设模式的选择，也影响到对制度正当性的论证，所以可以说，对人的把握是制度安排的前提。人不同于他物的重要一点在于具有内在价值，这是设计秩序、安排制度的出发点和落脚点，也是设计秩序、安排制度的正当性依据。但价值判断的逻辑起点并非人的内在价值。人具有相对于其他事物自在价值①的内在价值，在于具有值得尊敬的人格。不是因为人具有内在价值，所以人具有了值得尊敬的人格；而是因为存在着具有值得尊敬的人格的人，所以标志着人是具有内在价值的存在。②

人本身的价值由"人格"标识，人之内在价值的正当性依据由"人格"提供。"人格"不为他物具有，而只为人具有。也正是由于有"人格"，人才能自豪地说我是区别人之外的任何事物的人——"人格"赋予人的存在不同于他物的价值。那么，人格为何物呢？

在哲学意义上，人格是对人的主体性的体现，是对人的主体性的凝结，也是对人的主体性的升华。它是人的主体资格，表现

---

①　自然界极其生物的自身价值为自在价值，表明了自身价值的存在，并不否认自然界极其生物对人具有的工具性价值面向。参见：崔宜明．道德哲学引论[M]．上海：上海人民出版社，2006：28．

②　崔宜明．道德哲学引论［M］．上海：上海人民出版社，2006：30．

为作为主体的人与客体互动时的能动性、自主性、责任性和自为性。人格的载体是人的主体性，而人的主体性又主要取决于能够保证人在与客体的互动中，具有能动性、自主性发挥的理性能力、意志能力和情感能力等主体能力。① 这些能力正是人之责任性的原因和"资格"所在。人通过自身理性能力、意志能力和情感能力的协调与融通，具有了他物不具备的尊严和价值。而在理性能力、意志能力和情感能力中，理性能力是人内在价值大厦的拱顶石。正是人具有理性能力，所以康德才提出了"人是目的"的断言，把人推向了价值的顶峰。

虽然富勒不像康德那样，把人的理性推向极致，但对人的把握、对人的理性能力的理解是他建立"程序自然法"理论的基础。② 富勒认为，公民具有的理性能力使得他们能够认识法律的要求，并依此行为。基于此，他们就应该有权利知道法律规定的内容，并在法律面前依据自己的判断选择遵守或违反，同时为自己选择的行为负责。在他看来，法律基本上是一项为公民彼此之

---

① 崔宜明. 道德哲学引论 ［M］. 上海：上海人民出版社，2006：31.

② 正如沈宗灵先生所言："现代西方法理学研究的对象并不是社会和人性，但他们在论述自己的学说时往往会涉及对社会和人性的理解，往往会以对社会和人性的某种假设作为立论的基础。"沈宗灵. 现代西方法理学 ［M］. 北京：北京大学出版社，1992：26. 富勒在《法律的道德性》中说到："法律的道德性可以说成是在广泛的伦理问题上保持了中立。但它不能在关于人本身的观念上保持中立。要开展使人的行为服从于规则治理的事业，必须需要奉行这样一种观念，即：人是或者能够变成一个负责任的理性主体，能够理解和遵循规则，并且能够对自己的错误负责。Lon L. Fuller, *The Morality of Law*, New Haven：Yale University Press, 1964：162.

间的交往行动提供一套健全而稳定的框架的事务。① 公民的理性能力使得他们在法律的框架下安排生活成为可能。

所以，达到使人类服从规则这一简单目的，并不是富勒提出"合法性原则"的初衷。在他看来，法律是"使人类行为服从规则治理的事业"②。但公民在这一事业中扮演的不是工具的角色，因为他们不是简单地跟着规则跑的理性动物。"合法性原则"的提出，不是因为它们能更好地利用公民的理性，使其自觉服从规则——在这里，"功效原则"和工具性原则都不是对"合法性原则"的正确定性。

富勒提出"合法性原则"的原因在于，在规则治理的事业中，必须尊重"公民"的理性能力，尊重他们在自身理性指导下做出行为选择的能力，并且相信他们能够对自己做出的行为负责。进一步说来，富勒提出"合法性原则"的真实原因在于以下事实：满足了"合法性原则"的法律不会成为公民生活的陷阱；公民能够在满足了"合法性原则"的法律所构筑的框架下，理性选择行为，合理安排生活，准确发表对法律的看法，表达对法律的态度——形成对立法者和执法者的制约。其实质结果是，在立法和执法过程中作为沉默者的公民之主体性尊严被尊重和强调。所以富勒才说："每一次对法律内在道德原则的背离都是对作为

---

① 朗·L.富勒.法律的道德性［M］.郑戈，译.北京：商务印书馆，2005：243.
② 这是富勒对法律的定义，本书将在本章第二节"作为目的性事业的法律"部分对它进行较详细的论述。

负责任的理性主体的人之尊严的一次冒犯。"①

由此可以得出结论，"合法性原则"出于对公民理性能力的尊重，保障的是人作为道德行动主体的能动性和自主性②，也即人的主体性。作为人之能力的理性体现了人的主体性，主体性是人格的载体。所以进一步的结论是，"合法性原则"是对公民人格的尊重，其道德价值的载体正是公民的人格。

换言之，"合法性原则"构成了一种道德，是因为法律应该在某些方面具备积极的道德价值——如果说可以将法律促进社会秩序的形成看作一项道德价值的话，另一个更为重要的法律需满足的道德价值是，在规则引导行为的过程中，法律必须尊重人的自主性选择的能力。没有任何规则体系能够在没有最低程度地遵循"合法性原则"的情况下实现这些道德价值目标。所以在富勒

---

① Lon L. Fuller. The Morality of Law［M］. New Haven：Yale University Press，1964：162. 伊·亚·伊林也有类似的观点，他说："人民必须也值得了解自己国家的法律；这是法律生活的组成部分。法用意识的语言说话，针对的是有意识的存在物；它在进行肯定和否定，在做表述和提要求，为的就是让人们知道什么是被肯定的，什么是被否定的，意识到它所表述出来的要求。凡是被它'允许''规定''禁止'的人，都是权利、义务、禁令的主体，即法的主体。法最根本的实质、本质就在于，它是由有意识的存在物为有意识的存在物创制的，是由思维主体为思维主体创制的。所以，那种使人民无法了解它的法的生活秩序，是荒谬的和危险的……在这种秩序下，充其量只会在人民与法之间建立起自私的调停人的等级制度，使他们能为'寻找'正义而征收特殊贡赋，能利用人民的愚昧无知去谋求一己私利；对他们来讲，最有利可图的就是将清楚的事情搞混淆、不把混淆的事情搞清楚、挽救'毫无希望的'的事情、把谎言注入法庭；在他们的'经验'之手操纵下，对法律的解释立刻就会变成职业的歪理。"伊·亚·伊林. 法律意识的实质［M］. 徐晓晴，译，北京：清华大学出版社，2005：11.
② 高全喜. 从古典思想到现代政制：关于哲学、政治与法律的讲演［C］. 北京：法律出版社，2008：582.

看来，"合法性原则"内置于法律存在的条件之中，它们是内在的，体现了法律与道德在概念上的联系。①

（二）"合法性原则"的道德预设原点：立法者和执法者的人格

作为"法律的内在道德"的"合法性原则"关涉的是法律的品质，是有关法律制定和运作的价值规范。公民的理性能力、公民的主体性、公民的人格在"合法性原则"的要求下得到了尊重。但法律在制定和执行过程中是否具备"合法性原则"要求的品质，以至于在法律的制定和执行过程中，公民的理性、公民的主体性、公民的人格是否得到尊重，都取决于立法者和执法者的行为选择。所以，"合法性原则"最终是向立法者和执法者提出的要求。"合法性原则"实质是立法者和执法者在立法、执法过程中的行为规范。立法者和执法者制定和执行法律都要符合"合法性原则"的要求。正因为这样富勒才说："如果说对合法性原则的尊重对于创造这样一套制度来说至关重要的话，显然，认为

---

① 在这点上，富勒与菲尼斯不同，而更像古典自然法主义者，他吸收了重叠理论的最强形式，成为概念自然法主义者。但富勒的概念自然法主义与古典自然法主义存在根本不同。第一，富勒拒绝古典自然法主义者的观点：认为对法律的实体内容存在道德约束。他取而代之的观点是，在法律的制定和适用的程序机制上存在道德约束。第二，富勒在比古典自然法主义者更加抽象的水平上澄清了法律与道德的概念联系。古典自然法主义者认为道德对法律内容进行实体约束，一个非正义的标准，在概念上不具备法律效力。相反，富勒认为道德对法律体系的存在进行约束。他说："这八项指导原则中的任何一个项彻底的失败，不简单地导致一个坏的法律体系，它导致一个根本不能称作法律体系的东西。"
Lon L. Fuller. The Morality of Law ［M］. New Haven: Yale University Press, 1964: 39.

这些原则构成附着于立法者和执法者职务之上的一种特殊角色道德便丝毫也不荒谬。"①

很明显，由于"合法性原则"实质是对立法者和执法者的道德要求，它就应该出于立法者和执法者。所以，下一步要追问的问题是，"合法性原则"出于立法者和执法者何以可能？

17—18 世纪的启蒙运动以来，各种道德理论从人的不同特性出发，寻找不同的道德预设原点。但一个无法否认的事实是，道德只与人紧密联系，只有人才有道德。而"人格"是人作为人的最核心要素。发端于对人性之把握的道德预设原点，实质上也就安置在位于人性之上、由人性承载的"人格"之中。

作为人之一员的立法者和执法者，应该具备作为人的人格品质，在立法和执法的过程中遵循"合法性原则"的要求。通过对公民人格的尊重，在自己与公民之间形成一种"人性关系"②。在笔者看来，当富勒批评哈特把法律看作一种"发自于政府而强加于公民的单向权威投射"时，其脑海中呈现的正是此种"人性关系"。因为在富勒心目中，法律并非"仅仅拥有一个垂直性的纬度"，而是同时拥有一个"社会纬度"——法律是"公民与政府间的目的取向互动的产物"，"立法者与公民之间的某种潜在的合作关系是建构一个法律体系所必备的要素"。所以，在《法律的

---

① 朗·L. 富勒. 法律的道德性［M］. 郑戈，译. 北京：商务印书馆，2005：238.
② 这种关系产生了个体之间相互尊重、相互成就、相互实现、相互完善、相互提升和相互补益的价值要求和趋向。是人与人之间关系的最高准则，是人性之绝对价值的重要内容。吴文新. 价值和道德的基础及相关问题探讨［J］. 理论学刊，2009，184（6）：62.

道德性》中他强调了立法者、执法者与公民之间的相互责任。①

（三）"合法性原则"与道德的面向

事实上，哈特很早就认识到了"合法性原则"的道德性质。他在《法律的概念》中提到了一个"对实证主义的批评者"，此人将法律与道德的必然联系建立在规则控制的机制上。哈特认为，如果法律与道德的必然联系以此种形式存在，便是可以接受的。而这个"对实证主义的批评者"正是富勒。哈特所能够接受的法律与道德的这种必然联系，正是以"合法性原则"，即"法律的内在道德"的形式存在着的。②

哈特在为《法律的道德性》所写书评中表示，他和富勒存在

---

① 法律系统的运转"取决于相互交织在一起的责任的履行——既包括政府对公民的责任，也包括公民对政府的责任"。朗·L. 富勒. 法律的道德性［M］. 郑戈，译. 北京：商务印书馆，2005：250. 进一步说来，就是立法者和执法者对公民的责任以及公民对立法者和执法者的责任。"合法性原则"发现了立法中的"沉默者"，并让他们"开口说话"。只有符合这些原则的规则系统，才能保障人们实现互惠互利的交往关系。高全喜. 从古典思想到现代政制：关于哲学、政治与法律的讲演［C］. 北京：法律出版社，2008：582.

② 哈特在《法律的概念》中说："如果我们研究一下任何社会控制方法，如游戏和法律规则实际上所涉及的内容，就会发现可以称为'自然的'那些最低限度正义的其他方面。这些内容主要包括各阶级的人们相互交流的行为的一般标准，他们被认为在没有进一步的官方指示下就能理解和遵循规则。如果这类社会控制发挥作用的话，这些规则必须满足某些条件：它们必须是可理解的，大多数人有能力服从，一般情况下决不应当溯及既往，虽然可能存在例外。这意味着，就多数情况看，最终因违反规则而被处罚的人曾有能力和机会服从规则。很明显，这些通过规则而控制的特点与同法学家称之为法治原则的正义要求有着密切联系。其实，一个对实证主义的批评者就曾在通过规则的控制的这些方面看到了某些标示法律和道德必然联系的东西，并建议将它们称为'法律的内在道德'。同样地，如果这是法律和道德必然联系所指的意思，我们也许可以接受它。"H. L. A. Hart. The Concept of Law［M］. New York：Oxford University Press，1961：202.

分歧是因为他们在法理学上拥有不同的出发点和兴奋点。的确如此，哈特在《朗·L. 富勒：〈法律的道德性〉》中做出否定"合法性原则"的道德性，确定"合法性原则"的功效属性之选择，正是出于回应《法律的道德性》的需要——此时，对立场的坚持促使他改变了自己先前的观点和看法。

即使如此，"合法性原则"能被富勒理解为道德原则，又能被"转向"后的哈特看作功效原则，关键的原因还在于道德本身的功效性。道德的确立不仅仅是由于德性的存在，它还涉及功利的因素。① 如："合法性原则"中的"公开性原则"，它是基于对人的理性能力的尊重、对人的人格尊严的尊重而设立的道德原则。同时，在能知晓的意义上，它对于实现人遵循规则行为的功效也是必需的。

在这个问题上，哈特似乎有意忽视了"合法性原则"作为道德原则的两面性，忽视了"合法性原则"对人的尊重、对公民人格的尊重这一着力点，进而忽视了这些原则本身蕴涵的道德价值。②

---

① 这也是为什么伦理学有功利论与道义论两种道德评价系统和理论形态，甚至能够对道德进行经济分析的原因。

② 人类社会从专制走向法治，无论是形式法治还是实质法治，最根本的理由在于减少专横，保护人的基本权利。"合法性原则"无论是否致力于构建法治，其本身尊重了人的理性能力，对立法者和执法者形成了制约。换言之，如果把"合法性原则"脱离出"使人类服从规则治理"的整个目的框架，单独理解，其自身也彰显了法治建成后会实现的某些价值。不论一套法律体系的结构和内容如何，只要它服从法治诸原则，便可以最低限度地限制专断权力（权力依照法律明文规定、并以向公众公布的方式来行使）、保障个人自由（个人得以按照法律事先禁止和允许的事项来自主安排自己的行动）以及促进平等（具有一般性的法律规则平等地适用于众人）。参见：高全喜. 从古典思想到现代政制：关于哲学、政治与法律的讲演 [C]. 北京：法律出版社，2008：584.

富勒与哈特的论证表明，对"合法性原则"性质的确定，并非必然面对一种非此即彼的选择。只是因为立场的不同，使得他们对"合法性原则"性质的认识有了不同的侧重点。从道德视角论述"合法性原则"，体现出富勒作为法学家具有的、对人性的关怀精神。

## 第三节　法律是什么

哈特通过切断实证主义几个不同学说间的关联，捍卫法律与道德的分离命题；富勒通过提出合法性八原则，坚持法律与道德的重合。哈特、富勒对法律与道德关系问题的阐释与说明折射出双方的法律观。在这个过程中，他们将各自的法理论推向深入，逐渐呈现出自己对"法律是什么"的看法。他们对"法律是什么"的回答，分别体现在《法律的概念》与《法律的道德性》中。

富勒在《实证主义和忠于法律：答哈特教授》中已经意识到他与哈特产生分歧的原因可以推至双方对法律的不同理解上。对此，哈特在富勒明确阐释其法理论的著作《法律的道德性》出版之前，就做出了回应。在哈特看来，他与富勒法律观上的分歧，是狭义的法律概念和广义的法律概念之间的分歧。哈特持有的是广义的法律概念，此概念既承认良法是法律，也承认恶法是法律；富勒持有的是狭义的法律概念，此概念否认恶法的法律身份，只承认良法是法律。

哈特认为广义的概念具有更多的优点，并从三个方面进行了总结。第一，它可以避免无政府状态的出现。如果实然的法律与应然的法律不加区分，每个人极有可能凭借自己的道德判断否定法律的有效性，使得国家和社会进入无规则的状态。第二，由于直接通过道德判断否定了法律的效力，这种做法便有掩耳盗铃之嫌。当凭借道德勇气抛开该法律规则时，人们心里可能还存有疑问，这是不是有效的法律，从而引发进一步的思考：是否要服从因违抗法律而施加的惩罚。第三，广义的概念还促使人们思考是否惩罚在当时被恶法许可的邪恶行为。① 在与富勒围绕"告密者案件"发生的争论中，广义的法律概念这三方面的优点基本都被哈特作为支持其立场和观点的理据涉及了。反过来看也可以认为，哈特正是以"告密者案件"为例对广义的法律概念这三方面的优点加以论证和说明的。虽然这是《法律的概念》唯一提及"告密者案件"之处，但也充分展示了双方在"告密者案件"上的争论与他们法律观的相关联。

作为对《法律的道德性》出版前发表的看法，哈特为了阐明自己法律概念的优越性，对他和富勒的法律概念做出"广义的"和"狭义的"区分，实际上是依据双方不同立场做出的形式上的划分，也可以看作是对双方"告密者案件"之争背后的理论根据

---

① See：H. L. A. Hart. The Concept of Law ［M］. New York：Oxford University Press，1961：206.

做的阶段性总结，有其合理性。① 然而，在富勒出版阐释自己法理论的著作《法律的道德性》后，这种区分对双方不同法律观的解释就显得不够全面和深刻了。此时，哈特、富勒对法律理解的差异不仅仅表现为狭义的法律概念与广义的法律概念这种形式上的分歧，而是有着深刻理论根据的、双方不同法律概念间存在着的实质上的分歧。

## 一、由两种规则构成的法律

《法律的概念》对《实证主义与法律和道德的分离》部分观点进行了扩展论述，其中重点分析了奥斯丁法律命令理论。哈特并没有放弃对其他法理论的解读，只是把对奥斯丁法律命令理论的分析放在了最先的位置。对于为什么这样做他做了明确的说明："简单的命令理论的错误相较于比它更为复杂的对手的错误，是我们通往真理的道路上更好的指针。"②

可见，在哈特看来，对奥斯丁法律命令理论的解读与批评最有利于帮助他找到"法律是什么"的正确答案。事实上，他也的确是在分析与批评奥斯丁法律命令理论后，开始了对自己法理论的阐述。前后两者间是"破"与"立"的关系。

奥斯丁认为，法律是主权者发出的命令。如果命令指向的对

---

① 虽然富勒在《实证主义和忠于法律：答哈特教授》中已经初步涉及了自己"事业论"的法律理论，但是因为没有充分阐述该理论，所以使得他与哈特对法律不同定义间存在的实质分歧没有充分展现出来。

② H. L. A. Hart. The Concept of Law ［M］. New York：Oxford University Press，1961：16.

象不服从命令，就会受到制裁。主权者是一个社会中多数人习惯性地服从的一个人或一群人，而主权者本身不服从任何人。可以说，"主权者""命令"和"强制"是奥斯丁法律理论的三个基本要素，是奥斯丁法律概念的主要构成部分。哈特在《法律的概念》中用三个章节分别对这三要素进行了解析。在他看来，抢劫者向被抢者发出命令时形成的双方关系，可以说非常接近于奥斯丁主权者与臣民的关系，因为在抢劫的状况中同样存在"命令"和"强制"两种要素。另外，"命令"和"强制"也无法说明所有的法律现象。法律命令理论只是较充分展现了刑法的特征。刑法一般是设置义务的法律，它禁止法律主体做某事或者要求法律主体做某事，如果法律主体做了禁止做的事情或者未做要求做的事情就会受到制裁。更为关键的问题是，刑法也不应该是单单约束臣民的法律，还应该将"主权者"纳入规制的范围，法律命令理论很难清楚地说明这一点。而除了如刑法一样设置义务的法律外，还存在着授予权利的法律，它并没有为法律主体设置必须履行的义务，而是赋予了法律主体更多的自由：在法律的范围内，法律主体可以选择行使自己的权利，也可以放弃自己的权利。所以，很难用"命令"和"强制"对授予权利的法律进行解释。

此外，哈特认为对"主权者"习惯性服从的理论设置也很难解释法律的连续性问题。一方面，奥斯丁的法律命令理论是以世俗民族国家的建立为政治背景的，当主权者发生更替或者发生变化的时候，对前任主权者的习惯性服从很难在后任的主权者身上立刻建立起来，后任主权者与臣民间的关系无法通过习惯性服从这样的理论设置进行解释，进而也就很难用"主权者""命令"和"强制"等要素来支撑后任主权者所制定的法律了。另一方面，前任主权者制定的法律在后任主权者统治时期的法律身份，也会因为对前任主权者习惯性服从的终止而受到质问。在《法理学的范围》中，奥斯丁试图用默示命令概念来回答法律的连续性问题。对此，哈特做了专门的分析，否认了它的合理性，从而也就否定了它对法律命令理论的修补作用。

　　哈特对奥斯丁法理论种种不足与缺陷的论述，即对其错在什么地方的分析并非全部是独特的，因为在他之前有很多学者正确地批评了法律命令理论，其中也包括一些自然法学家。然而，哈特对奥斯丁法理论为什么错误的解析折射出了他对法律的看法，这方面的内容则是独一无二的。

　　在哈特看来，奥斯丁法律命令理论之所以未能很好地解释法律现象是因为建构该理论的要素，即"命令""服从""习惯"和"威胁"等观念，并不包括，或者说不能通过把这些要素组合起来产生"规则"（rule）的观念。① 哈特认为，如果没有规则的观念，就连法律的最基本形态也无法说明。② 缺乏对规则的认识是哈特对奥斯丁法理论为什么错误的最深刻总结，而对规则的认识又是哈特建构自己法理论的起点。

--------

　　① H. L. A. Hart. The Concept of Law ［M］. New York：Oxford University Press，1961：78.

　　② H. L. A. Hart. The Concept of Law ［M］. New York：Oxford University Press，1961：78.

哈特认为，法律的基本要素是规则，法律体系中的规则可以分为"原规则"（primary rules）和"次生规则"（secondary rules）两类①。人们印象中的法律通常指的就是"原规则"，它设置义务。在人类社会发展的早期仅仅有此类规则存在，那时也很难将道德规则和法律规则区分开来。随着社会的发展，只有"原规则"的简单社会结构暴露出了三方面的缺陷：规则的不确定性、静态性和维持规则的分散的社会压力的无效性。

在只有"原规则"的社会中，人们容易对规则的内容和适用范围产生分歧，而一旦这样的问题产生，又很难找到解决的办法。同时，当社会的变化对规则的改变提出要求时，也没有一个明确的方法可以废弃不合时宜的规则，或者引入新的规则和改变旧有的规则。而在这样的社会中，对于规则是否被违反，也缺乏一个权威的认定。另外，还缺乏对违反规则的主体进行权威的、有组织的制裁。

针对规则的不确定性、静态性和维持规则的分散的社会压力的无效性之缺陷，哈特引入了"次生规则"，他说："最简单之社会结构的三个主要缺陷，其每一个的补救方法都是，以属于另外一种类型之规则的次生规则来补充科予义务的原规则。"它们分

---

① 目前《法律的概念》的两个中译本分别把"primary Rules"和"Secondary Rules"译为"第一性规则""第二性规则"和"初级规则""次级规则"。参见：H. L. A. 哈特. 法律的概念［M］. 张文显，等，译. 北京：中国大百科全书出版社，1995；H. L. A. 哈特. 法律的概念［M］. 许家馨，李冠宜，译. 北京：法律出版社，2006. 结合哈特的论述理解，笔者认为将"primary Rules"和"Secondary Rules"译为"原规则"和"次生规则"也许更能表达作者原意。

别是 "承认规则"（rule，of recognition）、"改变规则"（rules of change）和 "审判规则"（rules of adjudication）。

为解决规则的不确定性问题，哈特引入了 "承认规则" "承认规则" 起着识别法律规则的作用。通过它所确立的判断标准，人们能够清楚地辨别出某项规则是否为法律规则，同时它还设立了确定一项法律规则内容和适用范围的程序和途径。

为了解决规则静态性的问题，哈特引入了 "改变规则"。"改变规则" 明确了新规则的引入与旧规则的改变、废止之途径、方法和程序。

针对维持规则的分散的社会压力的无效性之缺陷，哈特引入了 "审判规则"。"审判规则" 为决定法律规则是否被违反提供了方法与途径。它不仅明确了裁判者，还规定了裁判者必须遵循的程序。同时，它将制裁的权力以规则的形式集中起来，避免了私力惩罚的出现。

虽然哈特强调 "原规则" 与 "次生规则" 的结合并没有说明所有的法律现象，《法律的概念》的目的也不在于给出一个对 "法律" 的规范的定义，但他还是认为三个 "次生规则" 的引入是人类社会由前法律世界向法律世界的迈进。在他看来，将法律的特征描述为科予义务之 "原规则" 与 "次生规则" 的结合是对法律的最佳阐释，① 奥斯丁错误地认为在法律命令理论中已呈现

---

① H. L. A. Hart. The Concept of Law ［M］. New York：Oxford University Press，1961：91.

的东西，即"法理学科学的关键"，就在于这两类规则的结合
中。①"原规则"与"次生规则"在哈特心目中是法律概念的核
心要素，是阐明"法律"这个概念"所必要的首要之点"。

### 二、作为目的性事业的法律

富勒对法律的看法与哈特完全不同。在他看来，人类活动必
然是具有目标的或者是有目的性的，在此意义上人们才从事特殊
的活动来实现这些目的。根据他的观点，人类活动本质上具有目
的性，特殊的活动只能在参考他们的目标和目的的条件下才能理
解。因此，立法本质上是有目的性的活动，它只能在具体知晓其
本质价值与目的的前提下才能被理解。所以，富勒把法律看作一
种活动，把法律体系看成持续的、有目的的努力的产物。他认为
在某种程度上给出一个法律的定义，必然隐含这样的思想：法律
的本质功能是通过使人类行为服从据之自行调整其行为的一般规
则的规制而实现社会秩序。在《法律的道德性》中，富勒明确指
出："在我所写下的这些文字中，唯一可以被称为法律定义的语
句是：法律是使人类行为服从规则治理的事业。"②

在这里需要再次强调的是，虽然富勒呈现出功能主义面向的
法律概念似乎在暗示：除非能够履行法律引导行为的本质功能，

---

① H. L. A. Hart. The Concept of Law［M］. New York：Oxford University Press, 1961：
79.

② Lon L. Fuller. The Morality of Law［M］. New Haven：Yale University Press, 1964：
106.

任何东西都不能被称作法律。但在富勒心目中，法律使人类行为服从规则治理需要满足的合法性八原则，其道德依据并非是形成社会秩序，而是出于对人的主体性的尊重，旨在使立法者、执法者与公民之间建立起互动的关系。正如本文前面"作为法律内在道德的合法性原则之确立"一部分所述，富勒给出的法律定义所具有的道德属性不应该被它的功能主义面向所遮蔽。主观上诉求的道德属性与客观上呈现的功能主义的性质，在富勒对法律的定义中是可以统一的。在解释"程序"一词时富勒就明确表示，他关注的是"一些不仅使得构建和管理规范人类行为的规则系统有效，同时还使之保持着作为规则所应具备的品质的方式"①。

同哈特一样，富勒在回答"法律是什么"这一问题的过程中也是有破有立，只不过他不是由破至立，不是通过否定别人对法律的定义，娓娓道出自己对法律的认识，而是将程序自然法理论与传统的实体自然法理论做对比，在明确了前者的自然法属性及其独特之处继而概括出事业论的法律定义后，通过指出其他法理论所给出的法律定义的局限性，进一步澄清自己对"法律是什么"的看法和认识，增强法律事业论的理论力量。所以，富勒对法律的定义经历了边破边立、破中有立的过程。

在富勒边破边立、破中有立地阐述自己对法律的看法之过程中，他大体上论述了三类具有代表性的法律理论，它们对"法律

---

① Lon L. Fuller. The Morality of Law［M］. New Haven：Yale University Press，1964：97.

是什么"的认识各不相同。

第一类理论的典型代表是霍姆斯的法律预测论,该理论把法律看作是对法院将如何行为的预测。富勒认为此定义虽然与事业论的法律定义相异,但是内在地以事业论的法律定义为前提和基础。因为如果能够预测就必然意味着秩序的存在,秩序的存在也就意味着存在"某种一贯性","一贯性"正是"使人类行为服从规则治理的事业"这一定义的题中应有之意。与法律预测论具有类似性的是弗里德曼对法律的定义,他在对"法律是什么"的回答中也强调了秩序存在的重要性,弗里德曼把法律定义为"公共秩序的存在"。富勒认为该定义虽然突出了秩序,还是不如事业论的法律定义全面和正确,因为它未能像法律事业论那样很好地回答"秩序的性质是什么"以及"秩序如何形成"等问题。

第二类法律理论将法律等同于暴力,强调法律背后的强制力,认为判断法律的独特标志就是法律背后存在的强制力量。在富勒看来,此定义并不能解释所有的法律现象,而且对暴力的理解也因时代的差异而不同。他认为,强制力与法律的相关性就如同各种实验设备与自然科学研究的相关性。在自然科学研究中,没有实验设备就无法取得研究成果,同样的,没有强制力的支持的,法律就无法完成"使人类行为服从规则治理的事业"。耶林说没有强制力的法律是"不燃烧的火,不发亮的光",显然这句话强调了强制力对法律的重要性,但其弦外之音则包含了这样一层含义:"燃烧"和"发亮"并不是"火"和"光"本身,所以强制力也不是法律本身。同样,富勒在这里要说明的是,虽然强制力对法律很重要，是法律事业论的题中应有之意，但是它并不是法律本身，不能描述与涵盖法律事业论能够描述和涵盖的相关的现象和内容，用富勒的话说就是，"使用还是不使用暴力并不能改变立法者和执法者们所面对的基本问题"。

　　第三类法律理论是那些把法律理解为科层式结构的法理论。富勒认为它们只是在描述一种制度框架，法律作为有目的的活动被推定发生于这个制度框架中。在他看来，这些理论都犯了本末倒置的错误。因为科层式结构是"使人类行为服从规则治理的事业"这一活动的"产物"，而非科层式结构引导着"使人类行为服从规则治理的事业"之活动。

　　可以看出，在富勒心目中，这三类法理论对"法律是什么"的回答，其正确性与完善性都不如法律事业论，它们要么必须以"使人类行为服从规则治理的事业"这一定义为基础，要么存在致命的缺陷。虽然富勒认为自己对这些理论的评说是为了澄清自己的法理论，而非为法律事业论辩护，但很明显的是，在他对这三类法理论法律定义的"破"中，包含着对法律事业论的"立"，其评说是紧紧围绕法律事业论进行的。所以，富勒对这些法理论法律定义的论述毫无疑问具有增强法律事业论理论力量的客观效果，从而进一步展示了其法律事业论的思想，折射出他所持有的只有法律事业论才能真正解释与说明"法律"的立场与信心。

## 第四节 纳粹恶法定性的理论根据

一方面正如前面所说，"当对某种制度是否为法律制度有不同看法时，也许就意味着对法律概念一词有不同看法，而且，也意味着争论者是在不同意义上形成了法律观。"① 另一方面，对法律有不同看法，在不同意义上形成了法律观，也会导致对某一制度是否为法律制度的不同认识，进而对涉及该制度的案件形成各自不同的解决方案。这两方面是一而二、二而一的关系。哈特、富勒围绕"告密者案件"的争论，展示的是他们对纳粹恶法的不同看法，而在深层次上则意味着他们对"法律是什么"有各异的认识，双方在不同意义上形成了法律观。换言之，哈特与富勒"告密者案件"之争，表面上看是由对法律与道德关系的不同看法所致，是将各自在法律与道德关系问题上的立场与观点用于分析"告密者案件"后的结果，但支持论战双方立场与观点的深层次理论根据则是他们各自的法理论，是他们对"法律是什么"的理解。反过来说，哈特、富勒解决"告密者案件"的方案，是基于双方各自潜在的法律观而形成的，虽然在提出方案时他们的法律观并未完善，更没有做过系统的阐述。

———————

① 刘星. 法律是什么：二十世纪英美法理学批判阅读 [M]. 北京：法律出版社，2009：7.

正是由于哈特、富勒围绕"告密者案件"的争论大部分发生在论战的早期，发生在双方各自法理论还未系统化、体系化，从而未能对法理论进行系统化、体系化阐明的时期，导致很多研究者未能意识到，双方在"告密者案件"上的争论折射出了他们对"法律是什么"的各异认识，意味着他们有不同的法律观。但一旦意识到了论战双方在"告密者案件"上的立场、观点的深层次理论根据是他们各自的法理论，是他们对"法律是什么"的理解，研究者就能很好地运用反向理解的研究思路解读哈特—富勒"告密者案件"之争，即通过分析哈特、富勒在论战后期完善的对"法律是什么"的看法，来理解他们对纳粹恶法是否为法律的不同认识，进而对他们就"告密者案件"提出的解决方案进行更深入的解析和评判。

在此，运用哈特、富勒在论战后期更为成熟的对法律的不同理解，解读他们对纳粹恶法的不同认识，为评判双方就"告密者案件"提出的解决方案做理论准备。

## 一、纳粹恶法亦法的理论根据

围绕"告密者案件"与富勒展开的争论中，哈特的立场与观点非常明确，以坚持法律与道德分离的立场为基点，承认在道德上虽然邪恶的纳粹法律的法律身份。后来哈特构建了一套独特的支撑其实证主义立场与观点的法理论体系。这一体系能够解释为什么他会将纳粹的恶法依然看作是法律。

如果说理解哈特法理论体系的关键是把握他对"法律是什

么"的认识的话，那么理解作为他法理论体系中法律概念核心要素的"原规则"与"次生规则"，则是把握哈特对"法律是什么"的认识的关键。应当说，"次生规则"概念的提出及其对此概念的理论解释，是哈特法律理论的主要创新之处。从内容上看，"次生规则"也承担着识别法律身份的"职能"，所以，要理解哈特回答"纳粹恶法是否为法律"这一问题的根据，就在于用后来他提出的"次生规则"理论来解读与辨识纳粹恶法。

前面已经说到，在"次生规则"中，"改变规则"是为了解决规则静态性的问题而引入的，它的作用在于明确新规则的引入与旧规则的改变、废止之途径、方法和程序；"审判规则"是针对维持规则的分散的社会压力的无效性之缺陷而引入的，它为决定法律规则是否被违反以及违反了应该承担什么后果提供了方法与途径。很明显，虽然"改变规则"和"审判规则"具有各自的作用，但它们不能识别法律。而"承认规则"正是为了解决规则的不确定性问题才被引入的，通过它所确立的判断标准，人们能够清楚地辨别出某项规则是否为法律。"在承认规则被接受的任何一个地方，民众与官员都拥有辨别科予义务的原规则的权威性标准。"① 所以，要理解哈特回答"纳粹恶法是否为法律"这一问题的根据，事实上就在于用后来他提出的"次生规则"中的"承认规则"理论来解读与辨识纳粹恶法。

---

① H. L. A. Hart. The Concept of Law［M］. New York：Oxford University Press，1961：97.

哈特的"承认规则"是判断一个规则是否为法律的标准。从形式上看，"承认规则"是判断法律身份标准的代名词，它可以体现为不同的形式。问题的关键在于"承认规则"为什么能够成为判断法律的权威判准，即它为什么有效？这便需要对以不同形式存在的"承认规则"进行实质的考量。哈特认为，对"承认规则"有效性的理解不同于对通过它而获得法律身份的法律规则的有效性的理解，有效或者无效的判断不能用于"承认规则"本身，只能用于经过"承认规则"辨识的法律规则。对于"承认规则"来说，既不能说它有效，也不能说它无效，"它就是很单纯地因为妥当而被采用"。哈特明确指出，之所以如此是因为"承认规则"存在于"法官、政府官员与其他人日常的实践活动"中。既然"承认规则"存在于实践之中，"承认规则的存在是个事实问题"，那么就没有必要再去追问它有效还是无效了。要追问的问题就变成了"承认规则"存在于其中的实践活动是什么样的实践活动？对此哈特也给出了答案：它指的是"法院、政府官员和普通人民"鉴别法律的实践活动。

《法律的概念》第二版增加了"后记"一章，大部分内容是哈特在认真分析了德沃金对其理论的批评后所做的回应。也正是在应对德沃金批评的过程中，哈特完善了自己有关"承认规则"的理论。他进一步明确了自己对"承认规则"的认识，论证了"承认规则"在具有事实品格的前提下，仍然可以包含原则的观点；将"承认规则"具体解释为"司法上的惯习规则"，且源于法官之间存在的一种"习俗性的共识"，这种共识促使法官共同接受了法律的判准，而最终推动了"承认规则"的形成。

由此可以反推，在对"告密者案件"提出的解决方案中，哈特坚决主张案件涉及的纳粹恶法依然是法律的理论根据在于，该恶法通过了当时法律体系中"承认规则"的鉴别。哈特做过这样的论述："我们即使面对最邪恶的纳粹法律，也无须被迫宣称它们不是法，因为它们尽管比起道德上可接受之政权之下的法律在内容上有所分别，但是二者仍然享有许多相同而明显的法律特征（如制定法律的方式、裁判与执行的方式）。"① 从其言语中可以看出，他在潜意识里已经认为当时的"承认规则"与现在的"承认规则"并无实质区别。所以其进一步的结论是：任何由纳粹统治时期"承认规则"鉴别为法律的规则都不应该轻易地失去法律的身份。

比利时法学家马克·范·胡克（Mark Van Hoecke）领会到了哈特的这一思想，他在区别一个法律系统与纯粹的暴力时对此做了间接的说明："当问及'是黑手党还是意大利政府在掌控着意大利南部社会'时，答案将可能是'黑手党'。但是，一般认为，意大利法律系统在意大利全境内都是有效的。即使当其有关行为的第一性规则常被违反之时，黑手党也不能控制人们对第二性规则有效性的信仰。黑手党拥有唯一权力是在遵守第一性规则的层面上影响人们的行为。即使黑手党符合了足以否定一个法律系统

---

① H. L. A. 哈特. 法律的概念 [M]. 许家馨，李冠宜，译. 北京：法律出版社，2006：251.

的所有其他判准，它也缺乏一种接受该'法律系统'第二性规则的社会心理趋向（与纳粹德国不同，后者的法律系统也满足了这一要求）。"① 正是因为纳粹法律系统中的"次生规则"本身是被接受的，是有效的，所以由其中的"承认规则"鉴别为法律的规则就不应该简单地因道德上的邪恶而轻易失去法律身份。

以哈特的法理论为据分析，富勒解决"告密者案件"的方案中宣布纳粹法律无效的做法，实质上会使法体系处于一种病状。哈特并没有直接针对"告密者案件"所涉情况进行论述，但他以如何看待一国反叛势力在"统治"期间制定的"法律"这一问题为例进行的逻辑推论，则为分析"告密者案件"提供了理论依据。哈特预想了这样的情况：一个国家在结束了反叛势力的"统治"恢复了原政府的统治后，原政府也许会制定一项溯及既往的法律，规定本政府之法律在反叛势力"统治"期间一直有效。在哈特看来，如果这样的情况出现，对反叛势力制定的"法律"的认识就会产生矛盾。因为作为一种"法律陈述"，原政府通过溯及既往的立法来规定自己的法律在反叛势力"统治"期间一直有效，在逻辑上便意味着反叛势力制定的"法律"不是法律，但从关于法律体系之存在的"事实陈述"来说，反叛势力制定的"法律"在其统治期间的确以法律的形式存在并运行着。"法律陈述"

① 马克·范·胡克. 法律的沟通之维［M］. 孙国东，译. 北京：法律出版社，2007：36－37. 这里所说的"第一性规则"和"第二性规则"与前面所说的"原规则"与"次生规则"指的是同样的两类规则，只是此书作者与笔者对同一对象中文翻译上的不同而已。

与"事实陈述"间的这种矛盾体现了"法体系的病状"。需指出的是，哈特也主张用溯及既往的立法追究告密者的责任，但他并不认为该法律在纳粹统治期间一直有效，这样就认可了纳粹恶法的"效力"，在保证纳粹恶法"法律陈述"与"事实陈述"（纳粹恶法在当时存在并运行的事实）相统一的情况下，使纳粹恶法的"效力"与现在的"实效"相分离——哈特所说的纳粹恶法依然是法律，但它太过邪恶，以至于我们不遵守它，是特指我们现在不遵守它，他并不否认纳粹恶法在当时的存在并运行的事实。①

很明显，按照哈特这样的理论推理，富勒就"告密者案件"提出的解决方案也必然会造成针对纳粹法律的"法律陈述"与"事实陈述"的矛盾，进而使法体系处于一种病状。这也是本文前面分析过的，为什么有学者认为富勒犯了"历时性"错误的原因。

### 二、纳粹恶法非法的理论根据

在哈特那里获得法律身份的纳粹恶法，在富勒看来则不配享受这样的资格。哈特肯定纳粹恶法的法律性质是基于"次生规则"中的"承认规则"，而富勒认为纳粹恶法缺乏作为法律应该具备的品质之理论根据，则在于其事业论的法理论。

前面说到，富勒与哈特就"告密者案件"的争论主要发生在

---

① 由此可以看出，富勒指责哈特所坚持的在承认恶法法律身份的前提下可以不遵守恶法的理论立场是"道德混淆达到了顶点"的表现，针对的就是哈特主张的现在不遵守被承认是法律的恶法的行为。

整个论战的第一阶段，即主要发生在《实证主义与法律和道德的分离》和《实证主义和忠于法律：答哈特教授》两篇文章所反映的双方的第一轮交锋中。虽然该阶段作为论述"告密者案件"的主要时期，富勒还没有完成对事业论法思想的理论构建，但他对"告密者案件"所涉的纳粹法律态度十分明确，并且对自己的立场进行了理论说明。其论证的思路和说理根据与他后来形成的事业论的法理论紧密相连。

富勒是在《法律的道德性》中才明确将法律定义为"使人类行为服从规则治理的事业"的。即使如此，其事业论的法思想于《实证主义和忠于法律：答哈特教授》已有所体现。在与哈特就法律与道德是否能够分离的问题进行争论的过程中，富勒对双方忠于法律的动机给予了肯定，但以此为基础，他批判了哈特支撑法律与道德分离立场背后的法理论，认为法律实证主义对"法律是什么"的认识使得忠于法律的义务失去了意义，进而无助于忠于法律的理想实现。在他看来，定义法律首先要认识到法律是一种人造物，而非自然规律。作为人造物的法律要体现人类的某种成就，表达某种人类努力的方向，即目的，这就要求在回答"法律是什么"的问题时，展现出法律蕴含的目的。所以，在《法律的道德性》中富勒赋予法律"一种很有分寸的、理智的目的"——"使人类行为服从于一般性规则的指导和控制"，并且把法律定义为"使人类行为服从规则治理的事业"。在他看来，正是在这种对"法律是什么"的正确回答中，展现了法律与其内在道德无法分割的联系，也就意味着对法律与道德分离主张的否定。

就"告密者案件"而言，富勒对案件涉及的纳粹法律做了分析。他解读了纳粹于 1934 年颁布的《禁止恶意攻击国家与党及保护党的统一法》与另一部于 1938 年颁布的创设了"战时特殊犯罪"（special wartime criminal offenses）的法规，原因是告密者正是依据它们为自己行为的"合法性"进行了辩护。

富勒将《禁止恶意攻击国家与党及保护党的统一法》称作"立法的怪物"。在他看来，由于该法被自身设置的"不受控制的行政自由裁量权"所破坏，宣判它不是法律的做法并不为过。依据富勒后来提出的"程序自然法"理论分析不难发现，"不受控制的行政自由裁量权"使一部法律失去法律身份，原因在于法律规定这样的行政权力将违反使"法律成为可能"的法律的内在道德，即在《法律的道德性》中阐明的法律的合法性八原则。《禁止恶意攻击国家与党及保护党的统一法》为行政自由裁量权预留了太大的空间，导致由一般性原则、公开性原则、非溯及既往性原则、明确性原则、一致性原则、可行性原则、稳定性原则和官方行为与法律一致性原则构筑的法律的可预期性遭到破坏，从而使该法不具备成为法律的应有品质。

对于 1938 年的法律，富勒在《实证主义和忠于法律：答哈特教授》中的看法与在《法律的道德性》中的看法有些不同。在《实证主义和忠于法律：答哈特教授》中，他直接针对该法做了评论，认为纳粹政府和纳粹法院过度扩大了对"公开言论"的理解，其解释违背了法律的本意。依据"程序自然法"理论分析，纳粹政府和纳粹法院的行为与法律不一致，导致 1938 年的法律在适用过程中违反了法律的内在道德，进而使得它失去了作为法律的品质。但在《法律的道德性》中，富勒否定了是因为过度扩大的解释使得纳粹政府和纳粹法院的行为与法律不一致的现象出现，进而导致纳粹法律失去了法律身份。他用"模糊表达"和"无限制的授权"这两个词组指出了自己否定"告密者案件"涉及的纳粹恶法法律身份的理由。"无限制的授权"是针对《禁止恶意攻击国家与党及保护党的统一法》而言的，"模糊表达"则是否定 1938 年的纳粹法律为法律的原因。当然，无论是"过度扩大的解释"还是"模糊表达"，依据"合法性原则"，都将使 1938 年的纳粹法律失去法律身份。

在论战中，富勒始终以法律的内在道德为准则否定"告密者案件"涉及的纳粹恶法的法律本质，而其"程序自然法"思想的理论基础和依据则是他的事业论法理论。从富勒对法律"使人类行为服从规则治理的事业"的定义之功能主义面向来说，纳粹恶法不能形成良好的社会秩序；从它的道德面向来说，纳粹恶法更是无法满足其蕴含的道德标准。所以，富勒认为"告密者案件"所涉纳粹恶法不是法律。

## 第五节　法理论中的国家因素

法律与国家有着紧密的关系，但是，随着法理论形成的时代背景的变化，法理论中的国家因素经历了一个从明显到隐含的过程。从边沁、奥斯丁的法律命令理论到哈特的法律规则论和富勒的法律事业论，似乎也存在着这样一个过程——哈特的法理论对法律与国家关联性的"表达"不显白，而富勒的法理论在某种意义上淡化了法律与国家的关联性。

## 一、法律与国家

法律与国家间存在什么样的关系？法律对于国家具有何种意义？这不单单是政治学家会关注的话题，也是法学家在建构其法理论时需要回答的问题。在近代民族国家以博丹（Jean Bodin）主权理论为基础逐渐形成的过程中①，国家与主权的紧密关系得以彰显，以至于卢梭（Jean – Jacques Rousseau）做了如此表述：这一由全体个人的结合所形成的公共人格，以前称为城邦，现在则称为共和国或政治体。当它是被动时，它的成员就称它为国家；当它是主动时，就称它为主权者。② 国家是一个历史而又现实的存在，法与国家的关系，也许首先就是由法与国家主权的关系来体现的。③ 所以，法学家对法律与国家之关系的论述经常转

---

① 周永坤先生在为博丹《主权论》中译本所写导论中这样评价博丹的主权理论："在实践上，博丹的主权理论对于民族国家的兴起具有重要意义。""博丹的理论适合于他那个时代，在一定意义上说，他'建构'了一个新的时代——一个以国家为中心的时代。"让·博丹. 主权论 [M]. 李卫海，钱俊文，译. 北京：北京大学出版社，2008：4 – 5. 博丹在主权理论的指导下，详尽分析了国家这一现象。

② 卢梭. 社会契约论 [M]. 何兆武，译. 北京：商务印书馆，2003：21.

③ 卓泽渊. 法政治学研究 [M]. 北京：法律出版社，2011：419.

换为有关法律与主权之关系的论述。

在民族国家形成的过程中，法学家不仅仅担当着对法之理论进行重新阐述，使之适应民族国家逐渐形成这一客观现实的任务，而且在寻求对"法律是什么"的回答时，还不时为民族国家的形成给予理论支持。他们在自己的法理论中，对主权与法律的关系、主权对法律的地位与意义等问题加以回答和证成。如最早提出"主权是什么"这一问题并给予回答的博丹，将主权的作用描述为"在总体上和具体领域中给公民提供法律"。随后的霍布斯（Thomas Hobbes）将法律规定为国家的意志，他说："很明显，法律，无论是成文的还是不成文的，都是国家的意志，也就是主权者的意志。""因此，除了国家的主权者，没有谁能制定法律。"正是在霍布斯的《利维坦》（Leviathan）中，博丹揭示的法的主权观念达到了新的高度。对于主权与法律的关系，边沁的观点与博丹的观点也很接近，在《政府片论》中，边沁提出了"法律是主权者的一种命令"的命题，认为主权的本质作用就在于制定法律，法律就是主权者制定的社会成员习惯性服从的东西，是政治社会主权者的意志以命令为形式的表达。

从博丹到霍布斯，再到边沁，他们将法律与主权紧密联系起来，认为法之为法，必须有主权为之支撑的观点，在奥斯丁的著作中达到了顶点，被淋漓尽致地阐发出来。① 奥斯丁同边沁一样，将法律定义为"主权者的命令"，在《法理学的范围》开头他便

① 陈序经. 现代主权论［M］. 张世保，译. 北京：清华大学出版社，2010：149.

说："法理学的对象，是实际存在的由人制定的法，亦即我们径直而且严格地使用'法'一词所指称的规则，或者是政治优势者对政治劣势者制定的法。"① 在他看来，由于"政治优势者"被一个特定社会的所有人习惯性地服从，而"政治优势者"本身又不服从于任何人，于是可以将它称为"主权者"，将这一特定社会称为独立的政治社会。所以在奥斯丁的法理论中，一方面，"独立的政治社会"与"主权"相互关联，"独立的政治社会"是"主权"暗含的意思，它们可以相互指涉。进一步说来，"主权者"的存在就意味"独立的政治社会"的存在。另一方面，"独立的政治社会"与"独立的主权国家"两个术语在奥斯丁的笔下似乎又是可以相互替换的，奥斯丁所指的"独立的政治社会"正是当时逐渐形成的、以主权为基础的民族国家。由此递推，"独立的主权国家"也就成了"主权"暗含的意思，而法律是"主权者的命令"，所以，法律与国家的关系也就依凭"独立的政治社会"的中介建立起来了。奥斯丁通过自己的法理论证成了民族国家的合法性，同时也完成了对法之理论进行重新阐述，使之适应民族国家逐渐形成的这一客观现实的任务。

如果说国家主权在近代的出现是法律职业者行动的结果，他们把君权同罗马法中的"治权"和封建时代的领主权融合到一

---

① 约翰·奥斯丁. 法理学的范围［M］. 刘星，译. 北京：中国法制出版社，2001：13.

起，确立了近代法律制度的主权地位。① 那么在这一过程中，也
必然伴随着法学家的法理论构建对法律与国家紧密关系的证立，
进而逐渐形成法律来源于主权者、法律来源于国家的法律观念，
如当时的实证法学正是通过法律来证成民族国家的存在。而奥斯
丁作为倡导实证法学的重要一员，也旨在实现实证法学所追求
的，通过批判自然法来证明世俗国家和世俗政治权威的正当性的
政治目的。② 于是有学者做出了如下总结："分析法学在政治学方
面用习惯服从来说明主权者何以能够确立，在法理学方面用威吓
制裁来说明主权者的意愿何以能够实现。"③

然而，哈特与富勒都不赞成奥斯丁提出的"法律是主权者的
命令"的定义，无论是在哈特的由两种规则构成的法理论中，还
是在富勒的法律事业论中，都很难看到国家的直接在场。之所以
出现这种状况，与理论形成的时代背景存在差别有很大关系，正
如前面说到的，法律命令理论的提出依赖于民族国家逐渐形成的
时代背景。在奥斯丁那里，他的视角是如何强调国家的地位、世
俗的权威，如何为世俗政治秩序的合法性辩护，所以他在提出实
证法学时，立足点是独立政治社会中的秩序的问题。而"命令
论"的提出恰好可以阐明法律与国家及政治社会的内在关系，所

---

① 莱昂·狄骥. 公法的变迁：法律与国家［M］. 郑戈，冷静，译. 沈阳：辽海出
版社，春风文艺出版社，1999：21.
② 谌洪果. 哈特的法律实证主义：一种思想关系的视角［M］. 北京：北京大学出
版社，2008：56－57.
③ 刘星. 法律是什么：二十世纪英美法理学批判阅读［M］. 北京：法律出版社，
2009：19.

*138*

以，奥斯丁认为只要证明国家独立，法律的独立便是不言而喻的。相反，在哈特、富勒阐述法理论的时期，世俗的民族国家已经成为思考法律的现实背景，国家、主权已经从法理论图画所要表现的主要事物转化为法理论图画的底色，这意味着哈特、富勒不再需要为民族国家的形成在法理论上做出回应并加以证成。

弗里德曼在《法学理论》中从另一个角度讲述的一席话可以帮助我们理解这一点："在19世纪之前，法律理论实质上是哲学、宗教、伦理学或者政治学的副产品，伟大的法律思想家主要是哲学家、教士或者政治学家。从哲学家的或者政治学家的法哲学向法律人的法哲学的重大转变就发生在最近，它是随着一个时期以来在法律研究、法律技术和职业训练方面获得重大进展而出现的。"① 奥斯丁属于"政治学家的法哲学向法律人的法哲学转变"之过渡时期的法学家，所以他的法理论既突出了政治的味道，又突出了法律的味道。哈特与富勒则属于"政治学家的法哲学向法律人的法哲学转变"完成后的法学家，加上理论建构的英美法治文化背景②，所以，哈特的法理论对法律与国家关联性的"表达"并非如奥斯丁的法理论那样显白，这一点可由哈特对"规则内在面向"理论（the internal aspect of rules）的阐述来展现；而富勒的法理论某种意义上淡化了法律与国家的关联性，这

---

① Friedman. Legal Theory［M］. New York：Columbia University Press，1967：3 - 4 转引自：强世功. 立法者的法理学［M］. 北京：生活·读书·新知三联书店，2007：1.

② 对于英美法治文化与哈特、富勒法理论对法律与国家关联性的"表达"之间的关系，将在第五章分析英美法治文化和德国法治文化的差异时加以论述。

一点可由其作为"合法性原则"立论基础的法律的互动理论来展现。

## 二、"规则内在面向"理论的社会学根据

哈特的"规则内在面向"思想是其法理论中最具特色的部分，也是非常关键的部分。例如在对作为法律规则理论重中之重的"承认规则"的规范性来源的论述中，哈特就运用了"规则内在面向"思想作为理论支撑。虽然"规则内在面向"之观点由其首创，但"哈特无疑以各种方式在思想上得益于很多的先驱者"，在判定他"规则内在面向"思想的理论渊源时，更多的证据指向了社会学理论。正如有学者所说："就目前的研究状况而言，研究者们一般认为哈特的法律思想建构，尤其是关于规则的内在方面这一洞见，主要来源于英国社会学家彼得·温奇的理论以及德国古典社会学理论最为著名的代表人物之一马克斯·韦伯的理论……"① 哈特有关"规则内在面向"的思想，主要来源于这两人的社会学理论。

（一）"规则内在面向"理论的社会学渊源

妮古拉·莱西注意到了哈特对马克斯·韦伯（Max Weber）社会学理论的关注，在《哈特的一生：噩梦与美梦》中，她特别叙述了菲尼斯询问哈特，韦伯思想是否有助于其"规则内在面

---

① 邓正来．西方法律哲学书评文集［C］．北京：中国政法大学出版社，2010：315．

向"理论的提出这一插曲。菲尼斯在哈特阅读过的韦伯《论经济与社会中的法律》（*On Law in Economy and Society*）一书中发现了大量的评注，虽然哈特给出了否定的回答，只承认自己"规则内在面向"的思想来源于彼得·温奇（Peter Winch）的《社会科学的观念》（*The Idea of a Social Science*）①，但妮古拉·莱西依然坚信韦伯对哈特的影响是实实在在的。她引用了《论经济与社会中的法律》中哈特给予评注较多的一段论述作为证据，从内容上看，韦伯的这段论述的确与哈特"规则内在面向"思想有很大的相关性。因为评注的存在，所以妮古拉·莱西认为，在《法律的概念》中实际存在某种"韦伯潜流"，哈特对于韦伯理论的阅读已经被他借鉴到了"规则内在面向"的理论之中。

哈特传记的作者麦考密克也承认哈特"接触"过韦伯的思想，但认为哈特对韦伯理论的理解"有些肤浅"，而对韦伯一些关键理论，哈特也没有论述。所以，他把妮古拉·莱西主张哈特很大程度上仔细阅读了韦伯著作的观点归咎于"猜测"。

其实，无论是主张韦伯思想与哈特"规则内在面向"理论的提出有很大相关性的妮古拉·莱西，还是坚持哈特法理论缺乏"历史的叙述"、缺乏社会学分析的麦考密克，都未否认韦伯对哈特法理论产生影响这一事实本身。对于哈特不承认自己法理论中

---

① 哈特在《法律的概念》一书注释中提及的彼得·温奇的《社会科学的观念》一书全称为《社会科学的观念及其与哲学的关系》（*The Idea of a Social Science and its Relation to Philosophy*）。参见：邓正来. 西方法律哲学书评文集［C］. 北京：中国政法大学出版社，2010：316.

存在韦伯因素的问题，妮古拉·莱西给出了中肯的解答："赫伯特之所以不愿意宣称自己对社会学的信任，是因为在他立足的哲学的世界里，这样做不可能为他赢得大量的称赞。"①

韦伯并没有提出"规则内在面向"理论，但在他关于制度的论述中，有对与"规则内在面向"理论紧密相关的内容的阐述。这包括他从"内在"与"外在"两方面对制度合法性做的分析，进而衍生出的对制度在内、外两方面得到保证的说明。而韦伯这种关于制度内、外两个维度的解读，最早见于他对社会行为的分析。

韦伯概括了社会行为取向的四种方式：目的合乎理性；价值合乎理性；情绪与情感；约定俗成的习惯。它们是使制度合法性得到保证的行为根据。与此相关，韦伯概括了使行为指向特定制度的不同方式，认为制度合法性可以从内、外两方面得到保证。在纯粹内在方面，制度的合法性可以通过情绪的、感情奉献的方式得到保证，也可以通过价值合乎理性的方式得到保证，还可以以宗教的方式得到保证。② 在外在方面，制度的合法性可以"通过期望出现特别的外在的结果"，即通过"利害关系"的方式得到保证，也可以"通过特别形式的期望"的方式得到保证。"在'外在方面'得到保证的制度，也可能除此之外还得到'内在方

---

① Nicola Lacey. A Life of H. L. A Hart：A Nobel Dream and A Nightmare ［M］. New York：Oxford University Press，2004：231.

② 宗教在韦伯对社会行为取向的四种归类中，属于价值合乎理性的行为取向。在这里宗教因素被单列出来，但它依然属于保证制度合法性的内在因素。

面'的保证。"①

哈特关注到了韦伯的上述论述，妮古拉·莱西列举的哈特阅读《论经济与社会中的法律》时所做的评注就是很好的证明。哈特"规则内在面向"理论深受韦伯社会学的影响，而该理论在哈特法理论中发挥决定性作用，还是在哈特将它运用于解释"承认规则"之后。

（二）"承认规则"规范性的来源

臣民对主权者"服从的习惯"是奥斯丁法理论中的重要元素，是主权者成为主权者、独立的政治社会得以建立的前提条件，也是主权者制定的法律得到承认、服从的关键因素，意味着作为"主权者命令"的法律的权威来源于主权者的权威，来源于国家。然而，这种做法简单化地把整个法律意识视为尊重并遵守有权限的外在权威的命令的稳定习惯。这一观点之所以错误，是因为把服从外在权威作为决定人的活动的动机，这有悖于人的精神尊严。②并且，如果参与法律生活的人，仅仅是通过对规范的认识和服从，而不是通过对规范的承认，那么，他们心中就会形成压抑的、畸形的法律意识。③

正如前面所说，哈特认为，用"规则"来解释法律就可以摆

① 马克斯·韦伯.经济与社会：上［M］.林荣远，译.北京：商务印书馆，1997：66.
② 伊·亚·伊林.法律意识的实质［M］.徐晓晴，译.北京：清华大学出版社，2005：31.
③ 伊·亚·伊林.法律意识的实质［M］.徐晓晴，译.北京：清华大学出版社，2005：37.

脱"法律命令理论"的上述缺陷。他引入了"规则内在面向"理论来解决,"法律命令理论"仅仅把由"服从的习惯"确立的外在权威作为法律得以被服从的原因之理论缺陷。哈特就"规则"与"习惯"做了对比分析,指出了"规则"和"习惯"间存在的三个显著差别,其中,一个关键性的差别就是"规则"具有"内在面向",①"习惯"只有"外在面向",它仅仅"表现于观察者所能够记录下来的有规律的统一行为"②。当人们在依"习惯"行事时并不会视其为普遍标准,即使知道这种习惯行为的普遍性也不会对它有任何价值评判;"规则"则不同,它不但有"外在面向",还具备"内在面向",即人们对规则的内心接受和认同。人们遵循"规则"行事,不但把"规则"视为普遍的行为标准,并且承认"规则"所提供的行为标准的正当性,以此赋予了当"规则"被违反时人们进行批判并要求他人遵从"规则"的正当性。

可以看到,在哈特的"规则内在面向"理论里,人们心里对规则所带来的强制性和外在压力的感受并不是"规则内在面向"

---

① "规则"和"习惯"的其他两个差别分别是:作为对"习惯"的违反,偏离此有规律性的行为不会受到任何形式的批判,而"规则"则不然;如果是"规则"被违反了,不但会有对偏离行为的批判,而且对"规则"的违反本身会被普遍地认为是受到批判的正当理由。See:H. L. A. Hart. The Concept of Law [M]. New York:Oxford University Press,1961:54－55. 仔细分析不难发现,"规则"和"习惯"的这两个差别实质可以通过"规则"具有"内在面向"这一关键性的差别得到解释。

② H. L. A. Hart. The Concept of Law [M]. New York:Oxford University Press,1961:55.

的特质。感觉到被强迫和负有义务是有差别的，虽然它们经常相互伴随。"将此二者等同起来，导致人们错误地从心理感受的角度诠释规则的内在面向。"① 规则不仅仅是外在于人的行为准则，依靠一种纯粹的他律规制人的言行举止，它能够为人们所认可和接受，内化为内在的行为准则和评判标准，实现对规则的自律。外在强制性的作用只是规则的要素，它不能掩盖规则的全部，而这种对规则外在强制性的淡化，意味着对法律国家强制性的淡化，进而意味着对法律国家性的淡化。当哈特将"规则内在面向"理论用于分析"承认规则"时，其法理论中法律与国家的关联性就必然不会那么显白了。

哈特认为："一个法体系的存在至少必须满足两个条件。一方面，那些依据法体系终极的效力标准为有效的行为规则，必须被普遍地服从；另一方面，这个体系当中提供效力判准的承认规则，再加上改变规则和审判规则，必须被政府官员作为行动的共同的公共标准，实在地接受。"② 也就是说，官员对"承认规则"必须持有内在观点，他们必须认可和接受"承认规则"，将其内化为内在的行为准则和评判标准，只有这样，一个法律体系才会存在。虽然哈特也承认，只有官员对"承认规则"持有内在观点的社会是危险的，但他坚持认为法律体系在这样的社会中依然存

---

① H. L. A. Hart. The Concept of Law. New York: Oxford University Press, 1961: 86.
② H. L. A. Hart. The Concept of Law. New York: Oxford University Press, 1961: 113.

在着。①

　　问题的关键在于，在《法律的概念》第一版中哈特只是将"承认规则"的存在概括为一种事实、一种社会实践，没有对"为什么官员会对承认规则持有内在观点"这样的问题做出更加详细的解答。这种状况似乎印证了妮古拉·莱西的评价，哈特"在声称《法律的概念》是一本'描述社会学的论著'时，他思想里存在某种更直截了当的主张"②。有学者指责："哈特对社会规则规范性的最初说明是空洞无物的。就其解释人们具有何种遵循社会规则的理由而言，规则的实践理论简直是什么都没有说。哈特的解释仅仅留给了人们一个迷惑不解之处，是什么证成了人们视规则为行为理由的？仅仅去指出有一个行为常规性的事实，并像哈特那样将之作为行为的部分理由，明显是错误的。"③

　　"为什么官员会对承认规则持有内在观点"的问题，是"承认规则'规则内在面向'如何形成的"这一问题的另一种问法，

① 他在《法律的概念》中这样说："在极端的情形中，以使用规范性的法律语言（比如'这是一项有效的规则'）为特征的内在观点，也许只局限于官方的世界中。在这个更加复杂的体系中，只有官员会接受并使用法体系中的法效力判准。这样的社会像绵羊一样也许十分可悲，绵羊的最终命运可能是进入屠宰场。可是，几乎没有理由认为这样一种社会不可能存在，或否认它的'法体系'的称号。" H. L. A. Hart. The Concept of Law [M]. New York：Oxford University Press，1961：114.

② Nicola Lacey. A Life of H. L. A Hart：A Nobel Dream and A Nightmare [M]. New York：Oxford University Press，2004：231.

③ See：Andrei Marmor. Legal Conventionalism, in J. Coleman（ed.），Hart's Postscript：Essays to the Postscript to the Concept of Law [M]. New York：Oxford University Press，2001：195－197. 转引自：支振锋. 驯化法律：哈特的法律规则理论 [M]. 北京：清华大学出版社，2009：106.

实质是对"承认规则"规范性来源的追问。哈特在这些问题上的沉默让德沃金找到了可以攻击的破绽。在德沃金看来,"承认规则"的规范性,即官员甚至公民对"承认规则"内在观点的形成,立基于他们对批判性道德的考量。正如前面所说,为了回应德沃金的指责,哈特在《法律的概念》第二版后记中对自己的理论做了完善。他将"承认规则"归结为司法上的一种成规,即一种"惯习规则",或者说是一种"习俗性的共识",只有在"法院加以接受并加以实践,用以鉴别法律和适应法律时,它才能存在"。将"承认规则"定性为一种成规也就在某种程度上回答了"为什么官员会对承认规则持有内在观点"的问题,因为"作为社会成规之规则的理由,存在于其他人也遵循它的事实之中"①。

　　无论哈特对德沃金的回答是否令人满意,有一点可以确定的是,哈特在为作为法律体系基础的"承认规则"建立规范性的时候,并没有直接求助于主权者、求助于国家的权威,而是将注意力转向了"法律适用制度",最终求助于对法院行为的社会学解释。需要指出的是,哈特的这种理论建构实际上又是以主权国家的存在为背景的。从某种意义上说,哈特在《法律的概念》一书中探讨了法的起源论——不是历史起源,而是法的衍生过程,法是这个过程的结果,其标志性因素是公权力的介入。这种公权力,虽然不必定是国家,但显然是国家,大多数情况下也只能是

---

①　支振锋.驯化法律:哈特的法律规则理论[M].北京:清华大学出版社,2009:117.

国家。所以，结合这两个方面可以说，在哈特的法理论中法律与国家相关联，但这种关联性并非如其前辈的法理论所"表达"出的法律与国家的关联性那样显白。

### 三、法律的互动之维

哈特将其与富勒的分歧归因于"出发点"和"兴奋点"上的不同。在这个问题上富勒认同哈特的看法，他认为双方的争论的确是建立在不同的出发点基础之上的。出发点的不同是这场论战的根本所在，正是将法理论建立在互动理论上，富勒构筑了自己的法理论与哈特法理论不同的出发点。

但是，同哈特法理论中关键的"规则内在面向"理论一样，富勒互动理论的建立实质是求助于相关的社会学理论的。在《法律的道德性》中，富勒的论述多次关涉社会学理论。就互动理论来说，对他帮助最大的要数社会学家齐美尔（Georg Simmel），其"法律观念中的互动"的思想可谓是富勒互动理论的直接理论来源，以至于在注释中，富勒这样评价齐美尔思想的价值："齐美尔的讨论值得那些关注于界定法治理想得以实现之条件的人们去研究。"① 除此之外，富勒还多次提到韦伯，并且在评判哈特的承认规则时，引用了韦伯的相关理论。他在注释中建议读者参阅韦伯《论经济与社会中的法律》一书。

---

① Lon L. Fuller. The Morality of Law ［M］. New Haven：Yale University Press，1964：39.

由于从事法律社会学和人类学研究的学者在《法律的道德性》中发现了具有研究价值的内容，富勒甚至在该书第二版序言中建议学术旨趣在于法律社会学和人类学的读者先阅读第二章和第五章。富勒在第二章、第五章分别论述了法律的八项合法性原则和构建整个"程序自然法"理论的社会学依据。由此可见社会学理论在富勒法理论中的支柱作用。而富勒对为什么做出如此建议的两点理由更是证明了这一点。在他看来，先阅读建议的两章，一是可以使旨趣在于法律社会学和人类学的读者能很快找到自己感兴趣的内容；二是可以使他们了解法学家在界定自己的研究主题时存在的基本观点差异。① 富勒毫不避讳其法律理论建构与法律社会学和人类学的关联性，甚至认为正是在这样的内容中，才凸显出自己与其他法学家的分歧所在。

依托社会学理论，富勒构建了作为其法理论大厦基石的互动理论。所以有学者认为，富勒并不是所谓的自然法学家，实际上是法律社会学家。②

（一）社会行为与社会关系中存在人的互动

虽然互动理论的直接渊源是齐美尔的"法律观念中的互动"思想，但在涉足法律社会学和人类学来阐述自身理论的过程中，

---

① 朗·L. 富勒. 法律的道德性［M］. 郑戈，译. 北京：商务印书馆，2005：2.
② "当哈特采取分析的方法，将法律看作是一种社会规则的时候，富勒则直接诉诸经验、诉诸人类活动的行为本身，将法律看作是一个人们不断努力实现某种价值的过程，是一个不同的法律主体参与到不同的法律制度中实现某个目的的行动过程。"参见：强世功. 法律的现代性剧场：哈特与富勒的论战［M］. 北京：法律出版社，2005：45.

可以体会到富勒法理论与韦伯社会学理论的亲缘性。法律互动理论建立在社会行为和社会关系理论之上，所以韦伯的社会学和人类学理论与富勒的法律互动理论相比更具本源性。富勒了解韦伯的社会学理论，他在韦伯那里激发了自己思想的火花。了解韦伯对"社会行为"和"社会关系"的论述，能更好地理解富勒的法律互动理论。

在韦伯的社会学理论中"社会行为"是构建社会学的基础性素材，是社会学最基本的研究对象。他把社会学理解为一门想解释性地理解社会行为、并且通过这种办法在社会行为的过程和影响上说明原因的科学。① 韦伯认为，行为应该是一种人的举止，如果而且只有当行为者或行为者们用一种主观的意向与它（该举止）相联系的时候。② 而社会行为应该是这样一种行为，根据行为者或行为者们所认为的行为的意向，它关联着别人的举止，并在行为的过程中以此为取向。③ 韦伯在对行为的理解中强调了意向这种主观心理因素，所以主观心理因素的存在也是社会行为的重要特征。社会行为与行为的差异就在于，社会行为的意向必须与其他人的举止有关，在行为的过程中以其他人的举止为取向。社会行为发生在每一个社会成员身上，这就意味着每一个社会成

---

① 马克斯·韦伯. 经济与社会：上［M］. 林荣远，译. 北京：商务印书馆，1997：40.
② 马克斯·韦伯. 经济与社会：上［M］. 林荣远，译. 北京：商务印书馆，1997：40.
③ 马克斯·韦伯. 经济与社会：上［M］. 林荣远，译. 北京：商务印书馆，1997：40.

员在做出社会行为的过程中，都在以别人的行为为取向。但是社会行为并非意向的单向投射，"你站在桥上看风景，看风景的人在楼上看你"，关键是还可以互为风景，所以反过来也是同样成立的——别人也在以该行为者的行为为取向。对于这一点虽然韦伯没有明言，却是其题中之意。韦伯用货币的例子来解释社会行为以他人举止为取向的意向性：行为者在进行交换或买卖时之所以接受货币，正是以这样的期望为取向："为数众多的、然而不认识的和人数不定的其他人，将来在交换时乐意接受它。"同样可以反过来看，"为数众多的、然而不认识的和人数不定的其他人"在进行交换或买卖时接受货币，也有着同样的期望：与自己相对的其他人在交换时也都会把货币作为交换的财富而接受它。所以在韦伯对社会行为的理解中存在着行为者对他人的预期，这种期望决定着行为者对行为的选择。

韦伯区分了"社会行为"与"非社会行为"。仅仅以某一客观物体的效用为取向，而非他人举止为取向的行为，不能称为"社会行为"；存在内心真诚的态度，但是这种态度不是以他人的行为为取向，也不能算是"社会行为"。正是依据行为者之行为意向与他人行为间的相关性，即"社会行为"以他人举止为取向的意向性，韦伯把"社会行为"与"非社会行为"区别开来，同时也成为其定义"社会行为"的理论支点。以对"社会行为"进行界定为基础，韦伯阐释了与"社会行为"有着紧密联系的"社会关系"。

在韦伯看来，"社会关系"是一种根据行为的意向内容相互调节的、以此为取向的若干人的举止。进而"社会关系"必然只存在于发生在其（意向）方式可以标明的社会行为的机会之中，而首先不管这种机会建立在什么之上。① 社会行为的意向，关联着别人的举止，并在行为的过程中以此为取向。那么"社会关系"应该是依据关联着他人举止的意向为取向，并相互调整着人们的举止。韦伯正是把行为的相互关系的最低程度作为"社会关系"这一概念的标志。

虽然韦伯把"相互性"仅仅系于外部行为，只是把社会关系定位于行为的关联性，即行为的相互适应性，强调不能把社会关系与意向上的相互性等同起来，但他并未否认在"社会关系"中意向一致或意向相互适应的存在，他特地指出了通过许诺达致意向相互适应的情况。② 韦伯在把这种相互期待而形成的默契行为用于解释法、惯例和习俗的权力时强调，对"默契行为本身固有的兴趣"往往要先于法、惯例和习俗的权力。换言之，对人的行为互动来说，相互交往的动力比法、惯例和习俗所能带来的互动方所答应的为义务的举止的保证更为根本。

---

① 马克斯·韦伯．经济与社会：上 ［M］．林荣远，译．北京：商务印书馆，1997：57.
② "一种社会关系的意向内容可以通过相互许诺达成一致。这意味着，有关的参加者们对他们未来的举止（相互之间的也好，其他方面的也好）做出承诺。于是每一个参加者——只要他合乎理性地考虑——一般都首先（把握程度不一样地）期待，对方会以他（行为者）自己所理解的协议的意向作为他的行为的取向。他把自己的行为，部分是目的合乎理性地（根据意向上'实诚'多寡而定）以这种期望为取向，部分是价值合乎理性地以他那方面也要按照他所认为的意向，'遵守'已经达成的协议的'义务'为取向。"马克斯·韦伯．经济与社会（上）［M］．林荣远，译．北京：商务印书馆，1997：59.

　　无论是社会行为的相互性，还是意向的相互性，都意味着人与人之间平行的或者横向纬度的关涉。即使是一种纵向的"社会关系"，其中也一定蕴涵行为的相关性，甚至是意向的相关性，在该"社会关系"中的社会成员间也必然存在着横向的或平行的纬度关涉。富勒的法律理论正是通过突出法律中的这种平面性因素构建而成，因为他强调了法律背后隐藏的"社会关系"因素。莫里森认为对富勒来说，法律是一种建立社会关系的伦理方法，是社会关系的保障模式。① 其实，在富勒看来，通过"社会关系"的纬度理解法律、分析法之理所在更是不二的选择，是寻求真理之道，因为只有这样才能突出法律中存在的互动因素。

　　（二）法律源于人的互动

　　本书前面说到，富勒在《法律的道德性》中认为，法律拥有一个"社会纬度"，"立法者与公民之间的某种潜在的合作关系是建构一个法律体系所必备的要素"，所以法律是"公民与政府间的目的取向互动的产物。"1973 年，富勒向位于马德里的国际法哲学和社会哲学协会（International Association for Philosophy of Law and Social Philosophy）递交了一篇名为"作为社会控制工具的法律与作为便利人之互动的法律"②（*Law as an Instrument of Social Control and Law as a Facilitation of Human Interaction*）的论文，

---

① 韦恩·莫里森. 法理学：从古希腊到后现代［M］. 李桂林，等，译. 武汉：武汉大学出版社，2003：410.
② 此文笔者已译为中文刊载于《东吴法学》2011 年秋季卷。见：周永坤. 东吴法学［C］. 北京：中国法制出版社，2011（秋季卷）：177 – 182.

对互动理论进行了进一步的阐述。

在《作为社会控制工具的法律与作为便利人之互动的法律》中，富勒把习惯法作为法律的一个支系进行了仔细的分析，认为在形成于过去互动的互惠期望模式的意义上，习惯不仅是现代社会中一个重要的、直接的法律来源，而且无论人们是否理解它，它都在许多方面潜移默化地塑造了人们对制定法意义的态度。① 在他看来，法学家之所以在认识习惯法时存在困惑，是因为习惯法并非源于某个权威的法律识别中心，② 并非是自上而下强加的一种控制，而是直接源于人类潜在的互动，它能让人们在未来的相互交往中预期同伴们的互动行为。③

富勒指出，由于"互动模式可以'凝结'出具有法律强制力的稳定期望"，制定法与习惯法所隐含的组织原则之间也就存在着必然的相互依存关系。他说："在现实中，一个现代的成文法体系，其成功运作取决于一种可称为习惯法模式的东西，即在此意义上的一个稳定的互动预期的系统。"④ 换言之，人类互动的行为模式是制定法运行的社会学原理所在，而法律的八项合法性原则正是依此社会学原理确立的。

---

① Lon L. Fuller. Law as an Instrument of Social Control and Law as a Facilitation of Human Interaction. Brigham Young University Law Review, Vol. 89 (1975), p. 93.

② Lon L. Fuller. Law as an Instrument of Social Control and Law as a Facilitation of Human Interaction. Brigham Young University Law Review, Vol. 89 (1975), p. 93.

③ Lon L. Fuller. Law as an Instrument of Social Control and Law as a Facilitation of Human Interaction. Brigham Young University Law Review, Vol. 89 (1975), p. 92.

④ Lon L. Fuller. Law as an Instrument of Social Control and Law as a Facilitation of Human Interaction. Brigham Young University Law Review, Vol. 89 (1975), p. 95.

　　法律互动理论并非富勒的一家之言，比利时法学家马克·范·胡克创建的法律沟通理论就充分借鉴了富勒运用互动理论对法律的分析成果，并做了进一步的发挥。胡克认为，规范是在沟通过程中被部分地创造出来的，它不是由规范发出者或规范接受者单方面排他性地创造出来。① 这里所谓的沟通实质上就是一种互动。所以在胡克看来，规范性特征显然是导因于规范发出者与规范接受者之间的一种互动。② 他说："在很大程度上，接受是由社会决定的，并强烈地建基于社会互动和沟通之上……规范接受者之间和法律系统行动者之间的这种互动，以及关于这一互动的信息（比如说，关于罪犯是否被处罚的问题）对决定个体的接受程度而言是必不可少的。"③

　　很明显，富勒的程序自然法理论建基于以互动理论为核心的对法律的社会学分析。其自然法理论虽然不同于古典自然法理论，但在一点上它们是一致的，即它们都认为自然法不是主权者创造的。富勒作为二战后新自然法学的领军人物，深刻体会到了从霍布斯经奥斯丁到凯尔森发展而来的、主张将法律看作一套等

---

① 马克·范·胡克. 法律的沟通之维［M］. 孙国东，译. 北京：法律出版社，2007：271. 胡克认为："法律本身在根本上也是基于沟通：立法者与公民之间的沟通、法院与诉讼当事人之间的沟通、立法者与司法者之间的沟通、契约当事人之间的沟通、某一审判中的沟通。"马克·范·胡克. 法律的沟通之维［M］. 孙国东，译. 北京：法律出版社，2007：13.

② 马克·范·胡克. 法律的沟通之维［M］. 孙国东，译. 北京：法律出版社，2007：28.

③ 马克·范·胡克. 法律的沟通之维［M］. 孙国东，译. 北京：法律出版社，2007：123.

级森严的命令体系或者规范体系的法理论与民族国家的联系，他做出了这样的判断：对法律进行上述定义的目的，"答案可能是，这一概念代表着政治上的民族国家的法律表达。"① 与之不同的是，富勒将法律定义为一项"事业"，依照他自己的话说就是要"根据维续法律的活动，而非仅仅是根据法律权威的形式渊源来理解法律"②。在他看来，起草和执行规制俱乐部、教会、学校、工会、行业组织、农产品集市以及许多其他形式的人类组织内部事务之规则的人们都在从事着（法律）这项事业。③ 这也促使他"以违背语言之正常预期的方式来使用语词"——在其笔下，俱乐部、教会、学校、工会、行业组织甚至农产品集市等团体或组织制定的规则都成了法律，而非仅仅由政治国家制定的规则才算法律。他认为，只要"将所有有关国家权力或权威的意思从'法律'这个词汇中剥离出去"④，称上述团体或组织制定的规则为法律便不会有任何困难。

　　需要指出的是，富勒建构法理论时期的俱乐部、教会、学校、

① Lon L. Fuller. The Morality of Law ［M］. New Haven：Yale University Press，1964：110.

② Lon L. Fuller. The Morality of Law ［M］. New Haven：Yale University Press，1964：129.

③ Lon L. Fuller. The Morality of Law ［M］. New Haven：Yale University Press，1964：124－125. 富勒在《作为社会控制工具的法律与作为便利人之互动的法律》一文中提醒社会学家和法学家，对没有接受政府立法机关任何明确认可的，作为法律的规则之产生和生效的社会过程给予比过去更多的关注。Lon L. Fuller. Law as an Instrument of Social Control and Law as a Facilitation of Human Interaction. Brigham Young University Law Review，Vol. 89（1975），p. 95.

④ Lon L. Fuller. The Morality of Law ［M］. New Haven：Yale University Press，1964：125.

工会、行业组织、农产品集市，实际上都存在于主权国家之中，以主权国家的存在为背景。这些团体或组织都是在国家法的框架内制定规则。所以最多只能说，富勒通过法律社会学和人类学的视角进行研究而建构的法理论，打破了国家是法律唯一渊源的理论前设①，它无法否定国家存在本身具有的决定性意义。但结合这两个方面可以认为，富勒的法理论淡化了法律与国家的关联性。

---

① "法律的概念通常与集权国家的概念紧密相连，集权国家被认为是法律的唯一渊源。实践的变化和理论的发展都极大地弱化了这些理论的地位。在理论层面上，法律人类学和法律社会学的研究成果……已经使很多法律人确信：我们应当对法律采取一种更多元的进路。" 参见：马克·范·胡克. 法律的沟通之维 [M]. 孙国东，译. 北京：法律出版社，2007：38－39.

# 第四章

# 政治视角的审视

　　哈特与富勒属于"政治学家的法哲学向法律人的法哲学转变"完成后的法学家，他们对"告密者案件"的讨论毫无疑问是基于"法律人的法哲学"进行的。这深深地影响到了双方在"告密者案件"中的立场与观点，也可能使他们针对案件提出的解决方案缺少了对现实政治的关涉与"照顾"。然而对于"告密者案件"来说，从案件的起始原因——告密者的告密以及纳粹法院对被告密者的审判，到案件的审理——战后德国法院对告密者的审判，都不是单纯的法律与道德的问题，而是掺杂了无法祛除的政治因素。纳粹的统治以及纳粹政权的倒台是"告密者案件"发生与审理的政治背景，战后德国法院对"告密者案件"的审理及其判决思路的形成与之息息相关，甚至可以说法律及其现实困境本身也源于复杂的政治背景。

## 第一节　战后德国的政治状况

　　早在 1943 年的德黑兰会议上，英、美、苏三国就对战后分区占领德国达成一致。1945 年 5 月 8 日，德国无条件投降。6 月，英、美、苏、法四国签署《德国战败宣言》（the Declaration on the Defeat of Germany），陈述了他们对德国投降后其政治状况的认识。四国认为，在德国武装部队无条件投降后，德国没有能够承担维持秩序之责任或符合战胜国要求的政府。[①] 宣言明确表示："英国、苏联、美国政府和法国临时政府接管德国的最高权力，包括德国政府、最高统帅部（the High Command）和各州、市、当地政府或权力机关拥有的所有权力。"[②] 也就在《德国战败宣言》签署的同一天，四国在柏林签署了《控制机制协定》（the Agreement on Control Machinery）。协定规定，《德国战败宣言》中提及的德国最高权力将由英、美、苏、法四国的最高指挥官基于本国政府的指示，在他们各自的占领区行使。同时，对影响德国整体的共同事项，四国最高指挥官将联合行使权力。而这四位最高指

---

[①]　C. P. Harvey. Sources of Law in Germany. Modern Law Review, Vol. 11（1948），p. 197.

[②]　C. P. Harvey, Sources of Law in Germany. Modern Law Review, Vol. 11（1948），p. 197.

挥官还将组成一个管制委员会（the Control Council）。①

　　有中国学者用这样一段话对上述状况做了描述："代表德国最高统帅部的阿尔弗雷德·约德尔签署了无条件投降书，德国主权随之移交给盟军。在德军无条件投降和德国政府被废除后……英、美、苏、法四国发表联合声明，取得了对德国的最高权力。"② 主权移交、政府被废除、四大国获得德国最高权力，是对战后德国所处状况的最好概括。而《纽伦堡审判》一书对纽伦堡国际军事法庭称谓的解释，也间接地描述了战后不久德国的政治状况："之所以称为'国际'，是因为当时的德国作为政治实体不复存在，同盟国作为胜利者决定建立法庭审判前德国领导人，这个法庭在主权上并不属于任何一个国家，而是由美、苏、英、法四个战胜国共同组成；而所谓'军事'，是因为在当时德国政府当局荡然无存，德国的国际人格暂时停止，德国由上述四个国家实行军事管制。"③ "政治实体不复存在""国际人格暂时停止"，残酷的政治局面对于具有强烈国家意识和民族意识的德国人来说，毫无疑问是难以接受又不得不接受的现实。即使到了 1949 年作为联邦德国法律和政治基石的《德意志联邦共和国基本法》通过并生效，其适用也只局限于西方占领区，德国仍然处于西方占领区和

---

① C. P. Harvey. Sources of Law in Germany. Modern Law Review, Vol. 11（1948），p. 197.

② 何勤华，朱淑丽，马贺. 纽伦堡审判 [M]. 北京：中国方正出版社，2006：30.

③ 何勤华，朱淑丽，马贺. 纽伦堡审判 [M]. 北京：中国方正出版社，2006：29.

苏联占领区相分割的状态。由于当时由西方占领区 11 个州组成的国会参议院盼望着西方占领区和苏联占领区的统一，当初也并没有指望基本法能够成为长期有效的宪法。再加上对国家政治状况认识上的惯性，如何找回国家，恢复德国的国际人格、恢复德国作为政治实体的存在，从各方面展现德国作为一个整体的主权国家身份，也许一直都是那时的德国人认为自己需要完成的任务。

"告密者案件"的审理正是在这样的政治背景和政治诉求下进行的。这会影响德国法院解决"告密者案件"的法律思路的形成。因为法律的运行目标，在于实现社会环境对自己提出的任务要求。不同的社会环境会赋予不同的法律运行目标。在动荡危机的社会环境中，法律运行会偏向寻求秩序与安定；在外部威胁严重的环境下，法律会偏向纪律与团结。① 作为法律运行的重要一环，战后德国法院会通过各种方式回应当时德国所处的状况。在选择解决"告密者案件"的方案时，何种法律方案对维护德国主权国家身份有所助益，可能是德国法院会考虑的因素。在真实的"告密者案件"中，德国法院在没有否定案件所涉纳粹恶法法律身份的前提下，以 1871 年《德国刑法典》第 239 条（非法剥夺他人自由罪）为依据认定了告密妻子的罪行之做法，一方面保证了德国法律的连续性，另一方面也可能有通过确保德国法律的连续性来进一步暗示德国主权国家身份存在的意旨。

① 刘金国，蒋立山. 中国社会转型与法律治理［M］. 北京：中国法制出版社，2006：95.

战后德国所处的政治状况是影响"告密者案件"中德国法院做出法律决策的关键因素。以此因素的存在为前提，纳粹政权的"合法化"与德国司法的纳粹化则成为影响德国法院做出法律决策的另外两个重要的政治因素。

## 第二节 纳粹政权的"合法化"与德国司法的纳粹化

法律具有使政治权力合法化的功能；但是，法律也依赖于政治权力而使其自身合法化。① 在纳粹时期，法律一方面扮演着使纳粹的政治权力"合法化"的角色，另一方面又被纳粹当作实现目的的手段，在这个过程中它依赖纳粹的政治权力"合法化"自身，最终导致了司法的纳粹化。

### 一、纳粹政权的"合法化"

纳粹顺利登上德国的政治舞台并获得统治权所依赖的途径是阿道夫·希特勒（Adolf Hitler）所谓的"合法性运动"。1923 年11 月的"啤酒馆暴动"使希特勒锒铛入狱，在经历此事件后，他认识到，"下一次的夺权尝试不可再使用暴力。更确切地讲，应采用合法手段。他不想让自己再被关进去一次。从现在起，一切

---

① 马克·范·胡克. 法律的沟通之维［M］. 孙国东，译. 北京：法律出版社，2007：87.

目的都必须通过合法的手段达到。"①

　　因"啤酒馆暴动"本应服刑 5 年的希特勒，仅仅服刑 13 个月就被释放了。对于他及其纳粹党来说，虽然 1925 年到 1928 年是艰难的时期，但在这期间不仅他成了党内"拥有无限权力的领袖"，而且纳粹党成员也由 1923 年的不足 5 万人发展到了 10 万之众。

　　爆发于二战前夕的 1929 年世界经济危机波及德国，正是以这场危机为契机，希特勒及其纳粹党通过如下几个步骤逐渐壮大了自己，并且为最终取得政权、实现乾纲独断奠定了基础。第一，纳粹党通过选举在国会中成为最有势力的政党。1928 年 5 月的第五届国会选举，纳粹党还只是一个小党，仅仅得到 2.6% 的选票；但在 1930 年 9 月的选举中，支持纳粹党的选民已经达到 640 万人，纳粹党获得了 18.3% 的选票；到了 1932 年 7 月的选举，纳粹党赢得了 37.3% 的选票，成为国会中的第一大党。第二，希特勒通过总统任命获得了总理职务。1919 年生效的《魏玛宪法》（Weimarer Verfassung）本是追求自由、民主的宪法，但是其包含的在危机时刻赋予总统宣布紧急条令、废除公民一系列基本权利、实行独裁式统治的条款则为自己的崩溃埋下了伏笔。1929 年经济危机的发生终结了民主主义政府联盟。面对议会中的僵局，兴登堡（Paul Ludwig Hans Anton von Beneckendorff und von Hinden-

――――――――

　　① 托尔斯滕·克尔讷. 纳粹德国的兴亡 [M]. 李工真，译. 北京：人民出版社，2010：22.

burg）依据《魏玛宪法》赋予他的权力任命了政府总理，从此兴登堡开始使用总统特权进行统治。从 1930 年到 1933 年的 3 年中，德国总理都是由兴登堡直接任命或罢免的。随着纳粹党在国会中成为最强大的政党，希特勒于 1933 年 1 月被兴登堡任命为总理。第三，依凭《保护民族和国家的条令》希特勒和纳粹党获得了黑暗统治的合法基础。1933 年 2 月"国会纵火案"发生的第二天，希特勒将拟作为紧急法令的《保护民族和国家的法令》放到了兴登堡面前。兴登堡依据《魏玛宪法》第 48 条赋予他的权力签署了法令，这意味着所有的基本权利都可能失效，同时也意味着希特勒和纳粹党的黑暗统治有了合法基础。① 第四，依凭《消除德意志人民和国家苦难的法令》，即《授权法》，希特勒取得了能独立于总统信任的至上权力。继《保护民族和国家的条令》后希特勒又制定了《消除德意志人民和国家苦难的法令》。国会以 4：1 的优势票数通过了该法令，使希特勒领导的政府"无须得到国会和联邦议院的赞同"就能颁布法律，从而奠定了希特勒及其纳粹党独裁统治的基础。

虽然也使用了不法手段，如通过恐怖活动迫害政治对手，通过威胁、恐吓等手段获取选票等，但基于"啤酒馆暴动"后希特勒自身的认识，纳粹党从国会中一个无足轻重的小党，转变为独揽权力的政党，其向权力靠近的每一大步从表面上看几乎都走在

---

① 史蒂文·奥茨门特. 德国史［M］. 邢来顺，等译. 北京：中国大百科全书出版社，2009：273.

法律的通道上。甚至在 1933 年独揽权力后，纳粹党的许多重大行为在形式上也都有法律作为依据。所以可以说，希特勒以"合法"的手段建立起了纳粹独裁体制。而"对于任何一种政治权力而言，合法律性的获得也就意味着登上了合法性殿堂中的王座。这不仅是可逻辑推演的理论，也是为历史证明的实践"①。

毫无疑问，希特勒的"醒悟"为纳粹政权披上了"合法"的外衣。正是这种"合法化"存在的事实，以及纳粹掌握德国政权 12 年有余的实际，可能使得战后德国法院不得不考虑纳粹法律与德国法律连续性的关系，纳粹政权与德国作为主权国家的关系，从而影响到战后德国法院对纳粹所制定的恶法的态度——上述考虑促使法院做出了不轻易否定纳粹恶法法律身份的选择，进而对法院判决"告密者案件"的法律思路产生了影响。

## 二、德国司法的纳粹化

纳粹时期，"法院成了政治的附庸，这不仅表现在刑事案件和歧视性的种族法上，在所有法律领域，在所有的法院，一切真正的或假想的政府敌人都被剥夺其法定权利。这样的例子俯拾即是"②。英戈·穆勒在《恐怖的法官——纳粹时期的司法》一书中对纳粹时期德国的法治状况发出了这样的感慨。法律和法院成

---

① 王海洲. 合法性的争夺——政治记忆的多重刻写［M］. 南京：江苏人民出版社，2008：10－11.
② 英戈·穆勒. 恐怖的法官纳粹时期的司法［M］. 王勇，译. 北京：中国政法大学出版社，2000：125.

为"政治的附庸"最直接的体现是司法的纳粹化。而在现实中，德国司法纳粹化的过程并不短暂，甚至在纳粹统治开始前，司法界的种种变化就已经为纳粹控制司法系统准备了条件。

19 世纪上半叶，德国各州的法律职业展示的是自由主义的面向，它要求体现自由主义设计的成文宪法。司法界人士（其中包括众多的法官）形成了启蒙运动和梅特涅（Klemens Wenzel von Metternich）反动势力运动的中坚力量。争取个人自由斗争的内容之一就是争取独立自主、不受政府管制的自由司法。而法律职业在 1848 年法兰克福议会拥有一席之地，充分说明了它的重要性。但是，随着德国政治文化的改变，自由主义的责任被削弱了。19 世纪 70 年代末，法律实务工作成为一种自由职业，也就是说，不需要完全经由政府渠道便可进入该行业，但与此同时，来自政府的有关司法人员委任制的保守趋向正在出现。英戈·穆勒说："延续性——这是俾斯麦在与 1848 年自由主义者长达 20 年的斗争中所建立的、反议会的、独裁的司法'精英'层的一个标志。"①这里的"延续性"首先就是司法人事上的"延续性"。从 19 世纪 90 年代到 1918 年，在旧帝制下的这段时间里，德国法律人倾向于成为政府的一部分，进而演变成了一个总体上非常保守的组织。就地位和威望而言，他们属于上层集团，其中大多数具有使命感和权利意识，并因他们受到的教育和自身的公民责任而自

---

① 英戈·穆勒. 恐怖的法官纳粹时期的司法［M］. 王勇，译. 北京：中国政法大学出版社，2000：2.

豪。因而在历史上，德国是依据政治忠诚度和"正确性"选拔法律人，特别是法官，他们也就成了君主制政府的一部分。

而一战的战败和革命对德国社会及司法造成的影响也是极大的，它导致了在左和右两个方向上的激进主义。简单地说就是法官（某种程度上可以说是法律人）在1918年11月爆发的以无产阶级为主体的资产阶级民主革命后，感到自己被剥夺了应有的地位，继而愤恨不满，即使这次革命没有触及他们，他们也保留了自己的职位——因为延续性在法律一定程度上遭法官践踏的魏玛共和国（Weimarer Republik）时代得以延续，而当时的，首先依然是人事上的延续性。<sup>①</sup> 法律人感到被剥夺了应有的地位，是因为他们认为这不再是属于自己的社会、国家和世界。

1918年11月社会民主党建立了魏玛共和国，1919年春天，民主联盟起草了宪法，即魏玛宪法。这部新宪法把法官从依据旧宪法规定而占据的政府职位上赶了下来。但后来证实，魏玛共和国的司法部门在很大程度上是反共和的。1926年最高法院院长瓦尔特·西蒙斯回顾动乱时这样说："在我国，君主制下的法官集团以一个整体加入到了新生的国家。这些法官们宣誓效忠于新的共和国并为之服务。当然，他们也竭尽全力信守誓言，但他们不会也不能够在新政府下改变其精神。"<sup>②</sup> 西蒙斯不无自豪地总结：

---

① 英戈·穆勒. 恐怖的法官纳粹时期的司法［M］. 王勇，译. 北京：中国政法大学出版社，2000：2.

② 英戈·穆勒. 恐怖的法官纳粹时期的司法［M］. 王勇，译. 北京：中国政法大学出版社，2000：8.

"法官们是保守的。""绝大多数法官与政治上极端右翼的德国国家人民党结盟；他们与共和国若即若离，仍然以残留下来的旧价值观为其行动指南。"① 所以，司法部门藐视恰当的政治制度，在这种制度中，司法掌管着正义。在魏玛共和国的头三年里，发生了臭名昭著的政治谋杀和犯罪事件。也出现了政治性质的街头犯罪。德国法官实施"政治正义"成为常见之事。"政治正义"意味着来自右翼的声称自己是民族主义者的谋杀实施者，通常因其无私和理想主义而受到赞赏。同时来自左翼的人们则会接受更为苛刻的待遇。引用当时社会民主党人、司法部部长拉德布鲁赫的话说，"在魏玛共和国时期，人民与司法部门双方处于一种战争状态。"

"啤酒馆暴动"后，一方面，纳粹通过开展"合法化运动"，利用法律手段顺利登上了德国的政治舞台，并获得统治权；另一方面，"合法化运动"反过来又推动了德国司法纳粹化的进程，使法律在与纳粹力量的结合中证明自己的"合法性"。所以，纳粹获得政权并"合法化"自身的步伐与其实现司法的纳粹化的步伐几乎是一致的。②

"合法化运动"展示了一个有关第三帝国及其背景的重要事实：在整个纳粹时期，特别是它掌权的头两年，纳粹都试图维持

---

① 英戈·穆勒. 恐怖的法官纳粹时期的司法［M］. 王勇，译. 北京：中国政法大学出版社，2000：8.

② 所以，下面谈到的德国司法纳粹化的进程可能与前面所述的纳粹政权"合法化"的进程有所重叠。

正常状态的外表与合法性。这种外表要求法官和检察官向他们妥协，并成为同谋者。纳粹通过几个步骤达到了这个目的。首先就是对魏玛宪法倒行逆施的运用，从而颠覆了魏玛宪法的原则。1933年"国会纵火案"给纳粹制造了机会，通过所谓的宪法手段，制定了由总统签署的紧急法令——《保护民族和国家的条令》。

1933年3月的《消除德意志人民和国家苦难的法令》赋予现有内阁4年的法令权力。1933年4月，臭名昭著的恢复专业公务员制度的法令，把所有非雅利安人和其他政治对手，从公务员的职位上赶了下来。这一法令最明显的目标就是法官。一些律师也被取消了律师资格。法官和其他公务人员在没有任何集中抵制和重要的个人抵制的情况下，接受了纳粹的行为，而法官和其他公务人员还允许驱除他们的犹太同事，这些对纳粹都是巨大的鼓舞。最初纳粹并不知道这一法令能推行多远。①

由于在纳粹建立政权的数周里，法官没有针对废除基本权利的行为采取任何抵制行动，渐渐的一种双重状态的存在出现了。在人们称为正常刑事案的案件中，司法程序处于正常状态。同时也存在着"政治正义"和所谓的政治犯罪的案件。这些案件越来

---

① 因为颁布类似的抵制犹太人的法律在其他一些国家遭到了强烈反对。如在比利时，针对犹太人的法律颁布一周后，著名的律师和法官就立即写信给德国占领当局，抵制反犹太人的立法，并声言放逐犹太律师和法官不是比利时传统的一部分；在丹麦，一般大众都站出来说不，7700名丹麦犹太人中有7300人获救。See：Symposium：Nazis in the courtroom. Brooklyn Law Review, Vol. 61（1995），p. 1135.

越多地从由盖世太保和保安局控制转变为由特别法院处理。所以英戈·穆勒才说："人事的延续性直到 1933 年后仍不失为司法界结构上的一个显著标志，只不过那些当初德国民族主义的法官们现在要为完成法西斯的超额指标而忧心忡忡，还得不时恭听希姆莱之流的训斥。"① 在这种双重制度下，最常见的文明生活的成就，如人身保护令，很快就不为人所知了。此时，"法律程序的延续性则遭到了破坏，因为元首的最高指示将即将到来的死刑和剥夺权利的机器牵强地与美妙动听的高调联系起来，使得原本层次分明的法律渊源支离破碎、分崩离析。"② 德国的司法系统最终成为纳粹手中的武器和遮羞布。用富勒的话说，纳粹就是一个"用法律形式的华丽外衣装点自己的独裁政府"。

"告密"对纳粹统治来说并非一个非常行为。纳粹建构恐怖统治的方式之一就是有相当多像街道领导这样的人在通风报信。还有许多根本没有入党的德意志人在从事这种活动并指控他的邻居或他认为可疑的人。③ 无论是纳粹化的司法配合和衔接了这种行为，还是这种行为配合和衔接了纳粹化的司法，它们的组合都会将被告密者"绳之以法"。所以正如前文所说，"告密者案件"不是一个简单关涉道德与法律关系的案件，它是关涉当时建立在

① 英戈·穆勒. 恐怖的法官纳粹时期的司法［M］. 王勇，译. 北京：中国政法大学出版社，2000：2.
② 英戈·穆勒. 恐怖的法官纳粹时期的司法［M］. 王勇，译. 北京：中国政法大学出版社，2000：2.
③ 托尔斯滕·克尔讷. 纳粹德国的兴亡［M］. 李工真，译. 北京：人民出版社，2010：65.

德国主权国家身份之上的纳粹政权的统治结构和统治状态的案件。这对于身处因德国主权移交而要寻求恢复德国国际人格、显示德国主权国家身份之政治背景和政治诉求下的、审理"告密者案件"的德国法院来说，是需要考虑的因素。同对"纳粹政权的'合法化'"因素的考虑一样，德国法院可能基于对恶法在纳粹统治结构和统治状态中扮演的角色，以及纳粹政权与德国主权关系的考虑，出于保证法律的连续性，甚至是暗示德国主权国家身份存在的目的，才做出了在不轻易否定纳粹恶法法律身份的前提下，适用案发当时依然有效的1871年《德国刑法典》来解决案件的选择。

## 第三节　拉德布鲁赫的实质追求

前文提到，拉德布鲁赫战后的论文使他被很多人认为从一个战前的法律实证主义者，在经历了纳粹的残暴统治后，转而支持自然法的立场。而《法律的不法与超越法律的法》对四个真实案例的介绍，对法院所做判决的法律思路的解读，以及表现出的对法律实证主义"法律就是法律"信念的不满和提出的解决疑难案件的"拉德布鲁赫公式"，使其给人的表象是在为拉氏的"转向"作"背书"。也正是这种对《法律的不法与超越法律的法》的选择性理解进一步塑造了学界对所谓的拉德布鲁赫"转向"的广泛共识。然而，这却是对《法律的不法与超越法律的法》的片面解读。

## 一、《法律的不法与超越法律的法》的真意

事实上，"《法律的不法与超越法律的法》是一个需要耐心细读的文本"。它共五个部分，按照文章论述进程可分为三个阶段：第一部分和第二部分为第一阶段，介绍四个案例；第三部分为第二阶段，对法三项价值间的关系做系统的分析，并提出了"拉德布鲁赫公式"；第四部分和第五部分为第三阶段。细心的读者一定会在文章第五部分的开头发现这样一句话："我们不赞成诺德豪森（Nordhausen）认为的，'形式法学的思考'倾向于'混淆'清楚的事实的观点。"[1] 它虽然简短，却至关重要，表达了拉德布鲁赫在《法律的不法与超越法律的法》中的真实态度和立场。因为在文章的第四部分和第五部分，拉德布鲁赫就前面四个案例提出了不同的判决思路和方法。在他看来，对于清理纳粹的罪恶行为——审理德国转型期的疑难案件来说，最好的方法是在保证法的安定性的前提下实现法的正义性。所以，前三个案件与第四个案件的审判策略是有差异的，前三起案件旨在追究被告的责任，第四个案件旨在免除被告的"责任"。只有第四个案件可以依据基于战后德国联邦委员会的协议而在美国占领区颁布的《关于纳粹时期刑事司法不公正之赔偿法》使被告免受处罚。前三个案件

---

[1]　Gustav Radbruch. Statutory Lawlessness and Supra－Statutory Law, trans By Bonnie L itschewske Palson and Stanley L. Oxford Journal of Legal Studies, Vol. 26（2006），p. 10.

则不能简单依凭1946年颁布的《纳粹时期刑事犯罪处罚法》向被告追责，原因是根据"法无明文规定不为罪"（nulla poena sine lege）的原则①，必须寻找在当时就有效的法律来确定这些行为的"刑事当罚性"。所以，"对于这三个案件，战后德国法院必须寻找其他的法律依据"。拉德布鲁赫主张依凭在案发当时仍然有效的1871年《德国刑法典》审理案件。

对于"普特法尔肯告密案"拉德布鲁赫认为，首先1871年《德国刑法典》已经规定不存在"告发"的法律义务，考虑到普特法尔肯对自己犯罪动机的供述，应当适用《德国刑法典》第211条之规定，以间接杀人罪追究普特法尔肯的责任。对于"普特法尔肯告密案涉及的法官责任案"拉德布鲁赫认为，应当适用《德国刑法典》第336条和344条之规定确定"法官"的刑事责任。同时"法官"也可以援引《刑法典》第54条对紧急状态的规定主张免责。对于"助理死刑执行官克莱娜（Kleine）和罗泽（Rose）责任案"拉德布鲁赫认为，只有当死刑执行官的行为符合了《刑法典》第345条的规定，即"故意执行一个不应执行的刑罚"，他们才应受到惩罚。在他看来，死刑执行官并没有审查判决合法性的权力与责任，所以《刑法典》第345条的意思只是指死刑执行官不应故意"曲枉判决"，只有"曲枉判决"的死刑执行官才应受到处罚。这表明，拉德布鲁赫是不主张追究克莱娜

---

① 实际上，这也只是拉德布鲁赫心中最直接的原因。

和罗泽的刑事责任的。①

可以看出，除了"普特法尔肯告密案涉及的法官责任案"，拉德布鲁赫提出的审理方案基本没有触及纳粹法律的效力问题。其意图非常明显，就是"尽可能在法律体系的框架内采取内部证成"，尽可能通过恰当解释和适用已有的法律来解决现实的疑难案件②，尽量保证法的安定性价值。这也是拉德布鲁赫在《法律的不法与超越法律的法》中的真正立场和态度。而在真正立场和态度背后则不排除他有确保法律连续性的诉求，甚至可能有对由确保法律连续性而来的，德国作为一个整体的主权国家身份存在的暗示。

## 二、对"拉德布鲁赫公式"的正确理解

前文说到在《法哲学》一书中拉德布鲁赫提出了法的三项价值——法的安定性、法的合目的性和法的正义性，在《法律的不法与超越法律的法》中，他再次强调了这三项价值。但是与前者不同的是，在《法律的不法与超越法律的法》中拉德布鲁赫着重

---

① 在这一问题上"拉德布鲁赫公式与告密者案——重思拉德布鲁赫—哈特之争"一文的作者似乎错误地理解了拉德布鲁赫。在文章中作者这样写到："在第三个刽子手案中，拉氏认为执行死刑并不是法定的义务，两名被告是为了牟利而自愿承担行刑职责，而他们所执行的判决都是枉法的裁决。依据（《德意志帝国刑法典》）第345条的规定：故意地执行某种不得执行的刑罚，就可能因为其行刑而受到惩罚。而无需诉诸盟军（对德）管制委员会发布的关于反人类犯罪的第10号法令。"参见：柯岚．拉德布鲁赫公式与告密者案——重思拉德布鲁赫—哈特之争［J］．政法论坛，2009，27（5）：141.

② 林海．哈富论战、拉德布鲁赫公式及纳粹法制谜案［J］．南京大学法律评论，2008（春秋合卷）：273.

做的是，根据现实情况重新分析它们之间的关系，以及提出它们相互冲突时的应对方案。无论是对四个真实案例的介绍，还是对法律实证主义"法律就是法律"信念的不满以及解决疑难案件的"拉德布鲁赫公式"，其潜在的理论问题都可以归结为法的三项价值间的关系问题。所谓的拉德布鲁赫"转向"也就可以理解为是拉德布鲁赫从战前强调法的安定性价值，到战后强调法的正义性价值的这样一个转变。那么，这真的意味着拉德布鲁赫从实证主义立场转向了自然法立场吗？

德国法学家阿列克西（Robert Alexy）将"拉德布鲁赫公式"分解为两个部分。第一个部分即"拉德布鲁赫公式"中的前一段话：除非法律与正义的冲突达到了无法容忍的程度，作为不正当的法律才必须向正义屈服。① 阿列克西称其为"不可容忍性公式"（intolerability formula）。第二部分指的是"拉德布鲁赫公式"后一段内容，但一条最清晰不过的界线却能够划出来：在正义从未被追求的地方，在实在法被制定的过程中，正义的核心——平等，被有意违背的地方，法律不仅仅是不正当法，它完全不具备法律的本性。② 阿列克西将第二部分称为"否定性公式"（disavowal formula）。

---

① Gustav Radbruch. Statutory Lawlessness and Supra – Statutory Law, trans By Bonnie L itschewske Palson and Stanley L. Oxford Journal of Legal Studies, Vol. 26（2006），p. 7.

② Gustav Radbruch. Statutory Lawlessness and Supra – Statutory Law, trans By Bonnie L itschewske Palson and Stanley L. Oxford Journal of Legal Studies, Vol. 26（2006），p. 7.

在"不可容忍性公式"中，即使出现无法容忍的状况，拉德布鲁赫也并未明确否认恶法的法律身份，只是主张此时的恶法必须向正义屈服。也就是说他并没有明确得出"恶法非法"的结论。只有在"否定性公式"中拉德布鲁赫才否认了恶法的法律身份，得出了"恶法非法"的结论。然而，拉德布鲁赫1946年后的作品表明，他本人似乎并不主张直接适用"否定性公式"。① 再加上"拉德布鲁赫公式"中被阿列克西忽略掉的强调法的安定性价值的语句的存在，即"由立法和权力保证的实在法有优先地位，即使它的内容不正义，也不合目的性"②，简单说拉德布鲁赫在战后发生了向自然法立场的"转向"无疑是一种武断的判断，这与拉德布鲁赫始终贯彻的相对主义立场是不相容的。

正如阿列克西所说，"拉德布鲁赫公式"毋宁是谨慎平衡在拉德布鲁赫看来构成法理念的三个要素的结果。③ 拉德布鲁赫之所以在《法律的不法与超越法律的法》中批评法律实证主义"法律就是法律"的信念，突出强调法的正义性价值，就是要纠正他在早期著作中过度强调法的安定性价值的错误。④ 更为重要的是，

---

① Stanley Palson. Radbruch on Unjust Laws: Competing Earlier and Later Views, Oxford Journal of Legal Studies, Vol. 15 (1995), p. 497.

② Gustav Radbruch. Statutory Lawlessness and Supra－Statutory Law, trans By Bonnie L itschewske Palson and Stanley L. Oxford Journal of Legal Studies, Vol. 26 (2006), p. 7.

③ 林海译，郑永流. 法哲学与法社会学论丛 [C]. 北京：北京大学出版社，2007：202.

④ Stanley Palson. Radbruch on Unjust Laws: Competing Earlier and Later Views, Oxford Journal of Legal Studies, Vol. 15 (1995), p. 500.

"拉德布鲁赫公式"依然符合拉德布鲁赫过去那种认为合目的性处于"最底层"而法的安定性一般优于正义的实证主义理解。[①]所以,拉德布鲁赫的基本立场在战后并没有发生根本性的转变。而"拉德布鲁赫公式"依然将法的安定性价值放到首位的根本原因在于,相对于急于解决眼前的疑难案件来说,自始至终身处德国和所谓"德意志民族共同体"内部的拉德布鲁赫有着更大的抱负,实现其在大战之前的政治活动中没能实现的目标、根本上重建德国的法治国传统,[②] 而法的安定性带来的德国法律的连续性,进而对德国主权存在的暗示,应当是拉德布鲁赫实现其"重建德国法治国传统"目标的前提条件,或者说是题中之意。

事实表明,"告密者案件"中的德国法院领会了"拉德布鲁赫公式"的此层意图,在审理中巧妙地运用了"拉德布鲁赫公式"。

## 第四节　"拉德布鲁赫公式"
## 在"告密者案件"上的运用

基于对真实"告密者案件"的分析有学者认为,班贝格上诉法院审理"告密者案件"以及做出的判决并没有运用"拉德布鲁

---

① 郑永流. 法哲学与法社会学论丛 [C]. 北京:北京大学出版社,2007:202.
② 林海. 哈富论战、拉德布鲁赫公式及纳粹法制谜案 [J]. 南京大学法律评论,2008,(春秋合卷):272.

赫公式"。① 原因就在于班贝格上诉法院没有以纳粹法律违背"所有正直之人的良心和正义感"为由宣布其无效。然而，这种认识是建立在对"拉德布鲁赫公式"断章取义的解读基础上的，是以阿列克西拆分"拉德布鲁赫公式"形成的两个子公式为判断依据的。

## 一、案件事实方案与"拉德布鲁赫公式"的一致性

前文说到，阿列克西将"拉德布鲁赫公式"分解为两个部分，第一部分称为"不可容忍性公式"，第二部分称为"否定性公式"。拉德布鲁赫并不主张直接适用"否定性公式"。那么班贝格上诉法院在"告密者案件"的审理和判决中是否适用了"不可容忍性公式"呢？"不可容忍性公式"是当法律的不正义达到不可忍受之程度的情况出现时，把法的正义性价值放在优先于安定性价值的位置上的抉择，即规定：除非法律与正义的冲突达到了无法容忍的程度，作为不正当的法律才必须向正义屈服。② 很明

---

① 如"拉德布鲁赫公式与告密者案——重思拉德布鲁赫—哈特之争"一文的作者就写到："真实的情形是，在这个案件中，法官并没有援引拉德布鲁赫公式或者类似的论证宣告纳粹法律无效……"参见：柯岚．拉德布鲁赫公式与告密者案——重思拉德布鲁赫—哈特之争［J］．政法论坛，2009，27（5）：142－143．另外，前文的作者在其另一篇文章"告密、良心自由与现代合法性困境——法哲学视野中的告密者难题"中坚持了自己的上述观点。参见：柯岚．告密、良心自由与现代合法性困境——法哲学视野中的告密者难题［J］．法律科学，2009，（6）：4．

② Gustav Radbruch. Statutory Lawlessness and Supra - Statutory Law, trans By Bonnie L itschewske Palson and Stanley L. Oxford Journal of Legal Studies, Vol. 26（2006），p. 7.

显，班贝格上诉法院在不否定纳粹法律效力的前提下，以 1871 年《德国刑法典》第 239 条"非法剥夺他人自由罪"判处了告密者，其做法并没有运用"不可容忍性公式"，其思路也与"不可容忍性公式"有差异。在审判中班贝格上诉法院认为，"告密者案件"中的纳粹法律并没有违反自然法，也就意味着法院认为该法律与正义的冲突还没有达到无法容忍的程度，法的安定性价值应该受到尊重。所以，法院未直接运用"不可容忍性公式"去寻求正义，而是援引了当时仍然有效的《德国刑法典》作为判决依据。

然而，既没有适用"否定性公式"，也没有适用"不可容忍性公式"，并不表示班贝格上诉法院没有运用"拉德布鲁赫公式"。原因在于阿列克西在将"拉德布鲁赫公式"拆分成两个子公式的过程中对"拉德布鲁赫公式"做了裁剪。《法律的不法与超越法律的法》的真正立场与态度是尽力保证法的安定性价值，在更深层次上则可能有确保法律连续性的意涵。"拉德布鲁赫公式"当然也秉持了这一态度和立场。其第一句便明确指出："由立法和权力保证的实在法有优先地位，即使它的内容不正义，也不合目的性。"① 只有在极端情况出现时才会适用阿列克西提及的两个子公式。所以，尽可能通过恰当解释和适用已有的法律来解决现实的疑难案件，是"拉德布鲁赫公式"的表面含义下的要

---

① Gustav Radbruch. Statutory Lawlessness and Supra – Statutory Law, trans By Bonnie L itschewske Palson and Stanley L. Oxford Journal of Legal Studies, Vol. 26 （2006）, p. 7.

求。① 正如有学者所说，当我们更仔细考察拉德布鲁赫的立场之后，会惊讶地发现，德国法院的处理正是循着拉德布鲁赫树立的这一"航标"而做出的选择。② 所以，在"告密者案件"这一经典判例中，法院的判决实际体现了"拉德布鲁赫公式"的思路。只有将"拉德布鲁赫公式"作为一个整体来认识才能真正把握此内涵。主张班贝格上诉法院审理"告密者案件"以及做出的判决并没有运用"拉德布鲁赫公式"的看法，无疑是将"拉德布鲁赫公式"做了切割，将阿列克西拆分"拉德布鲁赫公式"后得到的两个子公式看作"拉德布鲁赫公式"的全部，进而对"拉德布鲁赫公式"做了选择性理解，同时，也是未能领会"拉德布鲁赫公式"表面含义下深层次要求的结果。

## 二、运用"拉德布鲁赫公式"的另一个例证

通过前文的分析可以知道，运用"拉德布鲁赫公式"的方式实际上有三种。第一种就是本节所分析的德国法院处理"告密者案件"的事实方案运用"拉德布鲁赫公式"的方式；第二种是运用"拉德布鲁赫公式"中的"否定性公式"；第三种是运用"拉德布鲁赫公式"中的"不可容忍性公式"。本部分所举运用"拉德布鲁赫公式"的另一个例证，具体指以第一种方式运用"拉德

---

① 林海. 哈富论战、拉德布鲁赫公式及纳粹法制谜案［J］. 南京大学法律评论，2008，（春秋合卷）：273.

② 林海. 哈富论战、拉德布鲁赫公式及纳粹法制谜案［J］. 南京大学法律评论，2008，（春秋合卷）：265.

布鲁赫公式"的另一个真实的告密者案件。

在《论纳粹时期司法判决的效力》中，帕普在对哈特、富勒作为争论对象的"告密者案件"之真实案情做了论述后，还介绍了第二个告密者案件。在帕普看来，哈特与富勒讨论的"告密者案件"具有暂时性的特点，虽然它是第一个把德国法律适用于如此情形的判决，但它作为一个先例对整个德国司法只有很微小的影响。1952 年 7 月，德国联邦最高法院处理了一个与哈特、富勒讨论的案件性质相同的案件。在判决中，法院判处被控诉的妻子"非法剥夺他人自由罪"和"试图杀人罪"，并详述了判决理由。对此帕普认为，由于联邦最高法院反复论述了被审查的问题，所以它的判决对这一主题的影响是决定性的。通过帕普的介绍哈特也得知了此案，他赞同帕普的看法，表示该案件是值得研究的。①事实上，帕普介绍的第二个告密者案件可算作战后德国法院以第一种方式运用"拉德布鲁赫公式"的另一个典型例证。

根据帕普的论述，第二个告密者案件的案情如下：

1940 年一名德国男性开始在纳粹军队服役，这时他的妻子在家中也开始了与别人的通奸生活。回家休假期间，丈夫向妻子表达了轻蔑领导人的言论。1944 年 7 月 20 日刺杀特勒事件后，丈夫在写给妻子的信中说道："要是希特勒被干掉了，肮脏混乱的一切都将过去。"妻子把信交给了纳粹党的地方领导人。1945 年

①  See：H. L. A. Hart. The Concept of Law ［M］. New York：Oxford University Press，
1961：254 – 255.

2月丈夫在夜间突然回到家中，发现自己的妻子正与另一名士兵在一起。一番争吵之后，妻子再次把他告到纳粹当局。于是丈夫被立即逮捕，两周后接受了军事法庭的审判。审判长告诫妻子，她没有义务宣誓作证，她的丈夫有可能被判处死刑，没有她的宣誓证言，证据就是不充分的。但妻子坚持宣誓作证，丈夫随后被判处死刑。然而，他没有被执行，只是继续被关押，直到1945年4月被送回部队。①

1951年，告密者被维尔茨堡（Würzburg）陪审团基于以下理由宣告无罪：第一，判处丈夫死刑的军事法庭是合法组成的，并且是在法律内行为；第二，虽然军事法庭是合法组成的，且是在法律内行为，在当时的情况下，一个受过高等教育的人会在指控他人的行为中做出非法行为，但被告作为一个的普通市民，没有犯罪意图，而且她有足够的理由相信自己行为的合法性。因为正如她所认为的那样，她的丈夫违反了法律。②

1952年7月联邦最高法院撤销了无罪判决，把案件发回原审法院重审。联邦最高法院认为，如果假定军事法庭的程序是合法的，那么，该程序辅助者的行为也就是合法的。法院判决的合法性问题应该考虑所有人的态度，即法官、检察官、警察和告密者的态度，从而获得一致性的答案，他们对刑法目的的实现起着共

---

① See: H. O. Pappe. On the Validity of Judicial Decisions in the Nazi Era, The Modern Law Review, Vol. 23（1960）, p. 265.

② See: H. O. Pappe. On the Validity of Judicial Decisions in the Nazi Era, The Modern Law Review, Vol. 23（1960）, p. 265.

同的作用。

在联邦最高法院看来，没有必要因为判处丈夫死刑的纳粹法律有可能与自然法相抵触而去讨论它的有效性问题。即使假设该法律是合法有效的，在实际情况中，也没有足够的理由判处丈夫死刑。军事法庭在没有对纳粹法律和德国刑法的既定原则给予充分考虑的情况下就做出了判决。该案涉及的纳粹法律要求被控诉的言论必须是对公众做出的，而纳粹统治时期的最高军事法院毫无疑问对"公众"的概念做了极度广泛的诠释。事实是，丈夫被控诉的言论是在夫妻间做出的，目的也许是只向妻子诉说，不会向其他人讲述这些话。而且法律旨在保护的利益，即德国人民军队的士气，显然只是在最低程度上受到了该影响。这个所谓的"公众"即妻子，也是不易被"腐朽"的。所以联邦最高法院认为，军事法庭对丈夫的有罪判决只能是源于对法律的专断和非法的解释。它做出死刑判决的唯一解释是迫于压制任何批评言论和意见的行政压力。

联邦最高法院认为，被告之所以有罪是因为她有目的地利用了军事法庭的非法程序来除掉自己的丈夫。军事法庭的审判长提醒她，死刑判决必须要有她的宣誓作证才能做出，而且没有证据表明她信赖军事法庭审判程序的合法性。在独立法官能保证个人自由和尊严的正常情况下，被告作为一名普通妇女，没有接受很高的教育，不能期望她辨认出违反法治国规则的行为这样的辩护能够成立。然而在纳粹时期，法院的行为往往不遵守法律正当程序的要求，即对刑法目的进行独立的、符合实际的、详尽的审议，而这一要求是为普通市民所认知的。尽管纳粹时期存在各方面的扭曲判决，在大众中依然存在这样的观念：法律和行政权威出于恐吓和压制反对意见的目的可能被滥用。源于恐怖的政治目的，而非是对法律的实现的判决，实际上加强了公民的是非意识，而不是扼杀了它。军事法庭程序合法性的错误观念，只能对那些无法分享普通市民见解的人来说才能成为辩护的理由。而陪审团发现的案件事实表明，被告并不是旨在举报犯罪，而是期望利用最好的手段除掉自己的丈夫，从而能够继续自己的通奸生活。所以联邦最高法院认定，从妻子举报到丈夫被纳粹军事法庭做出死刑判决前的这段时间，依据 1871 年《德国刑法典》第 239 条和 341 条的规定，告密的妻子犯有 "非法剥夺他人自由罪"；从丈夫被做出死刑判决起，依据《德国刑法典》第 211 条的规定，告密的妻子犯有 "试图杀人罪"。

可以看到，在帕普介绍的第二个告密者案件中，德国联邦最高法院同班贝格上诉法院几乎采用了同样的判决策略，即在不否定案件所涉纳粹法律效力的前提下，以案发当时依然有效的《德国刑法典》为依据追究告密者的责任。此举无疑体现了 "拉德布鲁赫公式" 尽量不否定纳粹恶法的法律身份，而 "尽可能通过恰当解释和适用已有的法律来解决现实的疑难案件" 这一深层次的要求。从而也达到了确保德国法律连续性的目的，甚至可能对德国作为一个整体的主权国家身份的存在也有所暗示。

# 第五章

# 哈特－富勒之争折射的法文化冲突

通过德国法院解决"告密者案件"的事实方案不难发现，哈特、富勒完全被《哈佛法律评论》的错误报道所误导，误把虚假的案件当作了真实的案件加以评论，得出了与真实案件完全不同的结论。有学者说："有意思的是，当时哈特和富勒的激烈辩论所针对的是远在德国的'告密者'审判问题。他们的争论从而给我们一个启迪：这种辩论一方面当然是具有普遍意义的一个永恒的法理学难题；但另一方面我们可以思考他们是如何把德国的问题转化为他们讨论的英语学界的问题的一部分的。"① 而事实是，哈特、富勒带着对拉德布鲁赫的误解在"告密者案件"上一开始便偏离了方向，双方对"告密者案件"的讨论成了异于案件事实方案的自说自话的争论。可以说，他们对问题的转化是失败的。论战双方只突出了辩论的一面，即他们辩论的是"具有普遍意义

---

① 谌洪果．哈特的法律实证主义：一种思想关系的视角［M］．北京：北京大学出版社，2008：81－82．

的一个永恒的法理学难题",但在把德国的问题转化为英语法学界的问题时完全脱离了问题的德国性。

## 第一节　哈特 – 富勒争论偏离方向的可能原因

虽然偏离了方向,但如本书前面所说,哈特、富勒的错误在逻辑上并非是无法避免的。真实案件与虚假案件之间存在差异,并不意味着双方的争论就一定会偏离真实案件,仅仅围绕虚假案件展开。因为《哈佛法律评论》报道的虚假案件之事实部分是准确的,只是在法院判决思路和判决理由上与真实案件有所出入。哈特、富勒完全可以跳出《哈佛法律评论》报道设置的种种误导,依据自己的立场和理论设想出自己对案件的看法和解决方案,从而有可能靠近真实案件,甚至与真实的案件取得一致。但遗憾的是,论战双方自始至终都未能与真实案件中的德国法院站在同样的立场上,取得过观点上的一致。

为什么哈特与富勒未能得出与真实的"告密者案件"中德国法院一样的观点,拿出与其相同的解决方案呢?通过解答这个问题可以帮助我们回答哈特、富勒围绕"告密者案件"的争论在一开始偏离了方向的情况下,为什么无法回到应有的方向上来,反而沿着《哈佛法律评论》错误报道设置的方向越走越远,从而在"把德国的问题转化为他们讨论的英语学界的问题的一部分"时,完全抛弃了问题的德国性,把评论变成了自说自话的争论之问题。

## 一、对拉德布鲁赫的误解以及错误报道的误导

在争论中，哈特、富勒过分强调了《法律的不法与超越法律的法》中德国法院对"普特法尔肯告密案"的处理方案和拉德布鲁赫对该方案所做的法理论上的解释，以及拉氏对实证主义"法律就是法律"的法学观念的批判，过分突出了"拉德布鲁赫公式"两个子公式的表面含义，最终忽视了拉氏在文中提出的所谓解决案件的最佳方案。这无疑是对《法律的不法与超越法律的法》断章取义式的解读。双方被拉德布鲁赫发生了"转向"，被这一学界的不实判断所误导是他们做出这种解读的直接原因。

"理论不仅是在解释现实，而且人们也会借助现实来解释理论。在这种情况下，理论才成为为现状承担罪责，从而开辟另一种现状的理由。"① 由此，可以推断出加深哈特、富勒偏见和错误的一个因素：他们把《哈佛法律评论》错误报道的案件误当作了真实的案件，并依据该案来解释拉德布鲁赫的理论立场。

在《哈佛法律评论》对"告密者案"的错误报道中，德国法院对告密者的判决思路正好"契合"了《法律的不法与超越法律的法》中德国法院在"普特法尔肯告密案"上的判决思路，以及拉氏对法院判决所做的对实证主义法学"法律就是法律"的观

---

① 谌洪果．哈特的法律实证主义：一种思想关系的视角［M］．北京：北京大学出版社，2008：87.

念进行"归罪"的法理论上的解释，同时"契合"了"拉德布鲁赫公式"两个子公式的表面含义。于是，哈特进一步认为，在《哈佛法律评论》错误报道的"告密者案件"中，法院的判决思路正是源于对拉氏在《法律的不法与超越法律的法》中立场、观点和理论的运用。① 他通过《哈佛法律评论》错误报道的"告密者案件"来解释拉氏在《法律的不法与超越法律的法》中的立场、观点和理论，无论其是否意图开辟另一种现状，都无法避免造成他对拉德布鲁赫立场、观点和理论做适合虚假案件的无意识的裁剪，由此进一步加深了他对拉德布鲁赫的误解。

富勒作为与之对立的论战者，依据《哈佛法律评论》的报道据理力争，也把《哈佛法律评论》错误报道的案件误当作了真实案件。虽然他没有像哈特那样明确表示，在《哈佛法律评论》错误报道的案件中，法院的判决是法官运用拉氏在《法律的不法与超越法律的法》的立场、观点和理论于司法实践的结果，但他却暗示了这一点：第一，富勒没有否定哈特强调的《哈佛法律评论》错误报道的法院判决与拉氏在《法律的不法与超越法律的法》中的立场、观点和理论具有相关性的结论；第二，分析富勒在《实证主义和忠于法律：答哈特教授》中的论述可以很确定地

---

① 前面反复引用过的哈特的一段话可以作为印证："为了评估拉德布鲁赫修订法律与道德相分离之关系的诉求，我们不能只是停留在学术的讨论上。战后，拉德布鲁赫包含基本的人道主义道德原则的法律观被德国法院适用于某些案件的审判中，其中纳粹统治下的一些国内战犯、间谍和告密者受到了惩罚。" See: H. L. A. Hart. Positivism and the Separation of Law and Morals, Harvard Law Review, Vol. 71 (1958), p. 618.

得到这样的信息：在他看来，《哈佛法律评论》错误报道中的法院与拉德布鲁赫就如何对告密者做出判决，有着同样的观点和思路。所以同哈特一样，富勒借助《哈佛法律评论》错误报道的虚假现实来解释拉德布鲁赫立场、观点和理论，为了迎合虚假现实，裁剪了拉氏在《法律的不法与超越法律的法》中的立场、观点与理论，富勒对拉德布鲁赫的误解也由此加深。客观上，这种状况使他与哈特拥有了共同的对话平台和争论对象。

需要进一步追问的是，为什么哈特、富勒会仅仅依据学界的错误判断及《哈佛法律评论》报道的"事实"，似乎是无所顾忌地裁剪拉德布鲁赫在《法律的不法与超越法律的法》中的立场、观点与理论，而对拉氏在文中所表达出的与《哈佛法律评论》报道的德国法院的立场和观点完全不同的立场与观点视而不见呢？①事实上，拉氏的这一立场与思路真正契合了真实的"告密者案件"中德国法院做出判决的立场与思路。所以，回答这个问题可以帮助我们进一步解答为什么哈特与富勒未能得出与在真实的"告密者案件"中德国法院同样的观点、拿出相同的解决方案的疑问。

---

① 富勒似乎关注到了拉德布鲁赫对法律的正义与法律的安定性之间关系的论述，并强调了拉氏对安定性的重视。然而他却以《哈佛法律评论》的虚假案件为前提，就拉德布鲁赫对安定性的强调做了错误的解释。See：Lon L. Fuller. Positivism and Fidelity to Law—A Reply to Professor Hart, Harvard Law Review, Vol. 71（1958），pp. 656 – 657.

## 二、"角色感"的缺失

"无论是自然法还是实证主义，其主要任务都肯定是要认识到其观点的狭隘性，以及其远离 20 世纪的政治现实。"① 施克莱（Judith N Shklar）的如此言论也许过于偏激，但用来描述哈特、富勒在德国"告密者案件"上的争论则恰到好处。前述问题的答案首先可能就在于哈特、富勒作为战胜国的法学家，不具备拉德布鲁赫这样的德国法学家和审判案件的德国法官所具有的、作为德国人的"角色感"。他们对当时德国所处状况缺乏"关照"。

正如前文所说，身处德国和"德意志民族共同体"内部的拉德布鲁赫在回答如何解决告密者案件的问题时，强调了法的安定性价值的优先性，其方案可能存在另一层面的诉求，即通过强调法的安定性价值，保证德国法律的连续性，甚至借此暗示德国作为一个整体的主权国家身份的存在，以此回应战后德国所处的主权移交和政治实体消失的政治状况。德国法院也是如此，在对"告密者案件"的审判中，倾向于维持法的安定性。通过此做法确保德国法律的连续性，恢复人们对法律的信心，甚至也不能排除其具有借此暗示德国作为一个整体的主权国家身份存在的意图。

有学者说："法官应该保持中立者的立场，但这绝不意味着

---

① 朱迪丝·N. 施克莱. 守法主义：法、道德和政治审判 [M]. 彭亚楠，译. 北京：中国政法大学出版社，2005：124.

法官必须远离道德与政治，甚至与道德和政治为敌。这就要求法官必须具备高超的司法技艺，因为通过'司法技艺'所展示出来的法官的道德情感往往会成为一定时代社会道德之晴雨表，它关系到一个社会能否培育起人们的'法律尊严'意识，而通过'司法技艺'所展示出来的法官的政治智慧则直接关系到一个政治共同体之法律原则和精神的贯彻、传承与守护。"① 在笔者看来，德国法院对告密者的真实判决，既顾及了当时德国在重新向法治国转型的过程中人们"法律尊严"意识的培育和道德情感上的需要，也符合德国的法治文化②，更是对当时德国所处政治状况做出的回应。

　　除了主权移交的状况，前面谈到的纳粹时期德国司法的纳粹化、纳粹统治的"合法化"以及纳粹持续掌握德国政权 12 年的事实，都是拉德布鲁赫和德国法院面对"告密者案件"时可能考虑的因素。他们需要运用高超的"司法技艺"来化解"告密者案件"面临的法律、道德与政治困境。而来自战胜国的事实使哈特和富勒对上述因素缺乏充分的认识，进而在设计解决"告密者案件"的法律方案的过程中，忽略了对这些因素的考虑。而正是这种"角色感"的缺失可能在某种程度上导致哈特、富勒在"告密者案件"上的争论偏离了方向。

---

① 萨伯. 洞穴奇案［M］. 陈福勇，等译. 北京：生活·读书·新知三联书店，2009：7.

② 对于德国的法治文化笔者将在第五章"两种法治文化的差异及其后果"部分加以论述。

### 三、同情与超然态度的缺失

"角色感"的缺失可能导致哈特、富勒在"告密者案件"上的争论偏离方向，而不具备同情的态度和超然的态度则可能使他们在错误的方向上走得更远。

（一）同情态度的缺失

这里所谓的"同情"，意指去体会德国的处境，体会审判告密者的德国法官面临的困境，感同身受地分析问题、解决问题。无论是哈特还是富勒都未能带着同情的态度来分析当时德国所处状况，并以此为背景解决德国法院面临的问题。他们并没有完全体会到针对"告密者案件"选择合适的处理方案可能对德国具有的政治意义。

事实可能是，面对困境，审理"告密者案件"的德国法院不仅要恢复正义，还要保证法律的连续性，恢复人们对法律的信心，甚至还会通过保证法律的连续性来暗示德国作为一个整体主权国家身份的存在。而如前文所说，哈特提出的解决方案，虽然主张不否认纳粹法的法律身份，在某种程度上保持了德国法律的连续性，但是他诉求由立法机关进行溯及既往的立法来解决"告密者案件"，并没有把对告密者的审判当作一个棘手的、摆在法官面前急需解决的案件，并且最终还是通过事后立法来解决问题。而富勒主张由法院进行溯及既往的立法，他否认了纳粹恶法的法律身份，根本没有顾及法的安定性带来的德国法律连续性的问题。按照富勒自己的话说，他的这一选择旨在给人们与过去决裂的印象。这很容易使人联想起他在《怨毒告密者的难题》（*The problem of the Grudge Informer*）一文中向人们展示的"在紫衫党当政期间，我们实际上处在法治的空白时期。取代法治政府的是一切人针对一切人的战争"① 的图画。

美国法学家安索尼·T 克罗曼（Anthony Kronman）说："有一种利益是所有法官都会被允许考虑的……这就是法官在行使审判权中的正义的利益，整个法律制度的正直利益或完善利益。法官对法律完善方面的利益包含在对许多事情的关注——例如，关注法律学说上的连贯以及法律学说对社会和经济形势的回应能力。"② 的确如此，但还需加上对政治形势的回应能力。面对着法律制度的这种利益，战后德国法官不仅仅是处于法律与道德的两难境地，他们还应当考虑德国作为主权国家法律的连续性问题，即在解决法律与道德两难困境的同时，顾及其中的政治利益。哈特与富勒完全没有体会到当时德国法官面临的不仅仅是法律与道德的背反局面，法官的判决还必须对当时德国的政治形势做出回应，即保持处于政权更替时期的德国法律的连续性。特别是在战胜国把德国划分为不同的区域，由各战胜国分别管理的情况下更是如此。

---

① Lon L. Fuller. "The problem of the Grudge Informer, Readings in the philosophy of law", in John Arthur and William. Shaw, eds. Readings in the Philosophy of Law – 2nd ed, Prentice Hall, 1993, p. 15.

② 安索尼·T. 克罗曼. 迷失的律师：法律职业理想的衰落 [M]. 田凤常，译. 北京：法律出版社，2010：120.

## （二）超然态度的缺失

所谓"超然"的态度并非与同情的态度矛盾，它不是指论者在面对"告密者案件"时需保持一定的距离，带着冷静甚至冷酷的态度去思考问题，而是指论者在具有同情的态度之基础上，即在感同身受地认识当时德国的处境，体会法院面临的困境的基础上，不带自己的理论意图地去思考问题，寻求适合当时德国状况的最佳解决方案。

事实表明，无论是哈特还是富勒都未能带着超然的态度分析和解决当时德国法院在"告密者案件"上面临的问题。他们论述"告密者案件"并提出自己的解决方案，都是基于对各自法理论的阐述，都是从各自的理论立场来考虑案件，进而在很大程度上把"告密者案件"作为自身法理论的验证场。正是带着这样的立场、视角和思想前界去思考案件，使他们专注于对自己理论有利的方案，排斥不利于或否定自己法理论的方案，因此难以避免地在排斥和否定中夹带着对合理因素的舍弃。

克罗曼把带着同情与超然相结合的态度进行的思考称为"代位"思考。①"代位"思考某种程度上可以弥补哈特、富勒因为来自战胜国之故而在处理"告密者案件"时缺乏"角色感"的问题。然而，他们在"告密者案件"上的争论欠缺的恰恰是"代位"思考，这反过来可能会使他们在错误的方向上越走越远。

---

① 安索尼·T. 克罗曼. 迷失的律师：法律职业理想的衰落［M］. 田凤常，译. 北京：法律出版社，2010：131.

### 四、形成于常态政治下的法理论之局限性

"政治的常态并非是处于革命的状态，认为普通的政治问题的斟酌过程应该根据那些典型的革命事件来衡量或者根据它们的形象予以重塑，那将是一个严重的错误。"① 同样道理，想用在政治常态下形成的法律理论很好地处理在非常态下产生的法律问题，不说是错误，也是一种令人无奈的选择，由此所致的困难局面和可能会导致的错误就可想而知了。

纳粹政权灭亡，德国处于政权更替时期，"政治实体不复存在""国际人格暂时停止"，战胜国把德国分割为不同的区域，这些都使得"告密者案件"蕴含了会挑战形成于常态政治下的法律理论的因素。在常态的政治状况中产生的法律问题是不会涉及这些因素的。拉德布鲁赫正是为应对上述非常态的状况而提出了"拉德布鲁赫公式"。

每一种（法律）理论都必须置于历史即全社会语境中来理解。② 莫里森说："在哈特的《法律的概念》中，人们几乎可以嗅到战后英国乡村的风味。板球、象棋、顺从……这是一个基本处于和平状态的国家的反映，在那里，阶级冲突已经被制度化为政党政治和贸易协会活动的合法、受规则约束的斗争……这个国

---

① 安索尼·T. 克罗曼. 迷失的律师：法律职业理想的衰落［M］. 田凤常，译. 北京：法律出版社，2010：108.

② 马克·范·胡克. 法律的沟通之维［M］. 孙国东，译. 北京：法律出版社，2007：8.

家对其制度的价值和官员行使的自由裁量权充满信心……主要的
社会学问题似乎是要确定每个事物的确切功能，分析各特殊部分
在社会整体中适合于哪个位置，好像在一个庞大的进步机器中一
样。"① 哈特的法理论更多的是针对和平稳定的、正常的国家状况
而设计和构建的，这可能使得最终是依据它而设计的方案很难正
确应对"告密者案件"蕴含的非常态因素。② 妮古拉·莱西的评
论可谓一语中的，她说："认为赫伯特（哈特）和凯尔森的理论
都没有为法官在转型的情景中如何判案提供任何具体的指导是完
全正确的。"③ 其实，富勒的法理论也何尝不是形成于一种和平、
稳定的正常的国家背景中呢？

有学者说：英美政治路径"建立了某种非常政治与日常政治
的转型机制，从而不至于发生诸如法国大革命、德国魏玛宪政破
产和苏俄红色革命等剧烈的政治形态。"④ 而英美政治路径与它们
的法治主义密切相关。"在英美国家，法治在以改良化解革命政
治的进程中，起到了至关重要的作用。"⑤ 学者们对法治在英美国

---

① 韦恩·莫里森. 法理学：从古希腊到后现代 ［M］. 李桂林等，译. 武汉：武汉
　　大学出版社，2003：373.
② 本书前面已经说过，虽然哈特、富勒在"告密者案件"上的争论发生在他们法
　　理论体系化、系统化之前，但支撑他们争论中的理论立场的还是他们后来体系
　　化、系统化的法理论。所以，哈特、富勒解决"告密者案件"的方案之最终依
　　据还是他们后来成型的法理论。
③ Nicola Lacey. A Life of H. L. A Hart：A Nobel Dream and A Nightmare ［M］. New
　　York：Oxford University Press，2004：250.
④ 高全喜. 从古典思想到现代政制：关于哲学、政治与法律的讲演 ［C］. 北京：
　　法律出版社，2008：523.
⑤ 高全喜. 从古典思想到现代政制：关于哲学、政治与法律的讲演 ［C］. 北京：
　　法律出版社，2008：523.

家中的这种独特作用的描述，实质是对英美法治文化独特性的表达。可以想象，面对纳粹政权倒台、德国作为"政治实体不复存在"、战胜国把德国分割为不同的区域等非常政治状况，哈特、富勒以英美法治文化为背景塑造的法理论和设计出的解决"告密者案件"的方案会出现怎样的水土不服现象。而德国法院基于德国法治文化做出的审判则很好地回应了上述政治形势。在这里，我们也许找到了哈特、富勒"告密者案件"之争偏离真实案件的另一个原因——英美法治文化与德国法治文化的差异。

## 第二节　哈特－富勒争论偏离方向的法文化因素

在面对如何处理战后德国主要战犯的问题时，四个战胜国曾经发生分歧。英国一度主张政治解决纳粹首脑，对德国主要战犯进行不经审判的立即处决。时任美国总统的罗斯福（Franklin Delano Roosevelt）在此问题上也是摇摆不定，直到杜鲁门（Harry S. Truman）上台，美国主张审判纳粹战犯的态度才坚定和明朗。1945 年 6 月，四国最终对审判纳粹战犯达成一致。一方面，纽伦堡审判的作用是巨大的，它使得罪恶的纳粹战犯受到了应有的惩罚。另一方面，纽伦堡审判作为一个审判本身的意义同样不容忽视。它以审判为载体，用法律手段来制裁曾经做出极度激化之政治行为的战犯，无疑是运用了公正和有效的方式来解决问题，使胜利者最大限度地赢得了公众的支持和历史的尊重。① 而作为纽伦堡审判后续审判的"告密者案件",在实现了制裁怨毒告密者之目的的同时,同样不失一个审判本身具有的意义。

### 一、一个共同的选择

"德国也是一个有着深厚法治国传统的国家",面对民间可能出现甚至已经出现的私相复仇之情况,无论是代表德国法律理论界的拉德布鲁赫,还是德国法律实务界的德国法院,都选择了通过审判的形式,用法律的手段来惩罚告密者。在某种程度上,这无疑是对德国法治国传统的复归。虽然哈特和富勒对拉德布鲁赫,以及报道的德国法院解决告密者案件的方案褒贬不一,并且围绕这个问题发生了激烈的争论,但正如有学者所说,在这场争论中,有一个最显而易见、但又最可能为大家所忽视的事实:哈特和富勒都没有反对审判本身。② 也就是说,他们自始至终都没有反对通过法律手段来解决问题。进一步说来,用法律的手段来处理告密者问题也是哈特、富勒没有犹豫过的选择。

从这个共同的选择来看,无论是拉德布鲁赫和德国法院,还是哈特和富勒,他们都有着对法律的信任,有着对法治的追求。这从一个侧面反映出德国法文化与英美法文化的相通之处。正是这种相通之处,使作为德国法律人的拉德布鲁赫和德国法院与作

① 参见:林正.雄辩之美［M］.北京:新华出版社,2004:222.
② 谌洪果.哈特的法律实证主义:一种思想关系的视角［M］.北京:北京大学出版社,2008:114.

为英美法律人的哈特和富勒，有了或虚拟、或真实的对话机会与平台。

　　然而，德国法文化与英美法文化有相通的一面，也存在不同的一面。这才是对它们关系最准确的描述。有学者认识到了这一点，敏锐地看到了由英美程序主导的纽伦堡审判与德国法文化的冲突。这实质是英美法文化与德国法文化的冲突，而这种冲突在纽伦堡审判的后续审判中依然存在。该学者认为，此冲突延续到纽伦堡审判的后续审判中，将集中表现为应当适用何种法律来裁决案件的问题。① 这为我们展示了一个审视哈特、富勒在"告密者案件"上的争论偏离方向之原因的可能的视角和理路。

### 二、审视哈特 – 富勒"告密者案件"之争的法文化视角

　　法律文化是一个民族在长期的共同生活过程中所认同的、相对稳定的、与法和法律现象有关的制度、意识和传统学说以及由此产生的与法律活动相关的器物的全部内容。② 一般情况下，不

---

① "纽伦堡审判是一次非同寻常的审判，其中混杂着法律、道德和政治诸多因素的作用，而审判由英美程序主导，势必引起同德国法律文化的冲突，在审判之后的后续审判中，冲突就聚焦于到底应该适用什么法律来裁决案件的问题。"柯岚.告密、良心自由与现代合法性困境——法哲学视野中的告密者难题［J］.法律科学，2009，（6）：6.

② 付子堂.法理学进阶［M］.北京：法律出版社，2005：303.

同国家拥有的法文化①既有相通之处，也存在不同。正如前文所说，拉德布鲁赫、裁决"告密者案件"的德国法院、哈特、富勒来自不同的国度，他们在告密者案件中持有的法理论、法立场和法观点分别是以德国法文化和英美法文化为背景形成的，而正是这两种法文化存在不同的一面之事实，为我们审视他们在"告密者案件"上存在的分歧提供了一个新的视角，即法文化的视角。

　　有学者意识到了这一点，指出了拉德布鲁赫、哈特、富勒在告密者案件上持有的不同立场和观点所折射出的英、美、德三国法文化的差异。比如对于哈特和富勒的分歧，就可以从英国、美国法文化中法律解释方面的不同处找原因：英国法官通常严格奉行遵循先例原则，法律解释空间小，这种法文化背景某种程度上促使哈特做出了由立法机关溯及既往的立法使告密者受到惩罚的选择；与此相对，美国的法官对法律通常采取宽松的解释原则，并设置有司法审查权，所以直接由法院通过否决纳粹恶法来使告密者受到惩罚的做法是富勒可以接受的选择。② 也有学者在对将纳粹法律理念归结为自然法学说的做法提出质疑时，从法文化的

---

① 梁治平教授指出，大多数人在使用法律文化这个词时似乎更愿意采取某种不甚严格的态度，因为它给人们提供了一种方便，即可以笼统和含混地用它来指与法律有关的历史、传统、习惯、制度、学理和其他任何东西。法律文化其实是一种立场和方法。他认为，使用"法文化"的概念去取代法律文化的概念，其"优点是显而易见的"，"法文化"概念比较完整，也比较确定和明晰。更重要的是，这个概念包含了某种方法论上的思考，因而颇具启发性。参见：付子堂. 法理学进阶［M］. 北京：法律出版社，2005：302. 另参见：梁治平. 法律的文化解释［M］. 北京：生活·读书·新知三联书店，1994：2－5.

② 柯岚. 拉德布鲁赫公式的意义及其在二战后德国司法中的运用［J］. 华东政法大学学报，2009，65（4）：65.

视角对"法律实证主义"做了分析。该学者认为英美学术传统与德国学术传统①对于"法"的认识有很大差异，而在"法律实证主义"所赖以生成的历史土壤上，这两个方面更是相去甚远。至少从德意志第二帝国时起，德国的"法律实证主义"就与英美的传统完全不同了。② 德国拥有的是"一种软弱的、变质的法律实证主义"，它无力抵制纳粹主义的侵蚀。

这些学者从法文化视角对争论进行的解析不无道理，但除此之外，通过法文化视角进行审视还可以找出导致哈特、富勒"告密者案件"之争偏离方向的另一个重要原因，即以不同的法治路径为基础形成的英美法治文化与德国法治文化之间的差异。

### 三、两种法治文化的差异及其后果

有学者以"法治的历史生成与演变"为线索，以思想史为载体，将西方建构和实现法治的路径分为英美路径和法德路径。③ 在笔者看来，这种对英美法治路径与法德法治路径进行的区分之过程，实质就是对英美法治文化与法德法治文化之不同的历史和理论追述的过程。这种追述也开启了通过法文化视角审视哈特、富勒"告密者案件"之争的另一个维度，因为在有法治传统的国

---

① "学术传统"依据本文前面对法律文化的解释，是可纳入法文化范畴的。

② 林海. 哈富论战、拉德布鲁赫公式及纳粹法制谜案［J］. 南京大学法律评论，2008（春秋合卷）：268－269.

③ 高全喜. 从古典思想到现代政制：关于哲学、政治与法律的讲演［C］. 北京：法律出版社，2008：517－543.

家，"法治文化"将被含义更为广泛的"法文化"这一范畴所涵盖。①

　　作为纽伦堡审判众多后续审判案例中的一个，"告密者案件"不过是引发哈特与富勒论战的一根导火索，真正激起他们理论立场对立的却是其背后隐含的关于法律基本内涵之理解。② 进一步说来，哈特、富勒"关于法律基本内涵之理解"的法理论与他们建构理论的英美法治文化背景紧密相关。相应地，德国法院审理"告密者案件"的思路则与德国法治文化有密切关联。这两对对应关系之间的差异折射出英美法治文化与德国法治文化之间的差异，具体体现在这两种法治文化对国家问题的不同"安置"上。

　　在世俗民族国家已经成为思考法律的现实背景，国家、主权已经从法理论图画所要表现的主要事物转化为法理论图画底色的前提下，国家因素在英美法治文化中，"并非一个明显的主题，而是一个隐秘的主题……国家政治问题被有效地转换为法律问题，法治秩序或宪政制度塑造了英美国家的主体结构"③。国家问题在英美法治文化中"并不是占据主导性的"问题。而英美法治

---

① 按照前文对法律文化的解释（法律文化是一个民族在长期的共同生活过程中所认同的、相对稳定的、与法和法律现象有关的制度、意识和传统学说以及由此产生的与法律活动相关的器物的全部内容），在英、美、德这样具有法治传统的国家，"法治文化"可归入"法文化"的范畴。也可以认为本书将"法文化"做了一种广义的解释。

② 林海．哈富论战、拉德布鲁赫公式及纳粹法制谜案［J］．南京大学法律评论，2008（春秋合卷）：265.

③ 高全喜．从古典思想到现代政制：关于哲学、政治与法律的讲演［C］．北京：法律出版社，2008：523.

文化的此种特征，可以作为继本书在第三章"法理论中的国家因素"一节所做的解释之后，就为什么哈特在英美法治文化背景下建构的法理论，对法律与国家关联性的"表达"不显白的问题，以及为什么富勒在英美法治文化背景下建构的法理论，在某种意义上淡化了法律与国家关联性的问题的进一步解释。

国家问题在英美法治文化中是一个隐秘的主题，不能表示其国家问题不存在。本文前面也谈到，哈特、富勒的法理论与国家存在关联。所以有学者在解读哈特的法理论时说道："在哈特这里，国家这个问题已经转化为如何在现代社会中实施法律的问题。所以只要证明国家中法律的独立性，国家权威自然存在。而在那些极端和危急时刻，法律独立性是会发生动摇的，会损害国家基础的，比如对纳粹的审批时期。所以当哈特论证法律是一种规则性存在，并且在描述法律的基础上捍卫了法律之后，国家的权威自然存在。"① 然而，法律的独立性与法律的连续性并非是一个问题。哈特法理论对法律与国家关联性的表达不那么显白和富勒法理论淡化了法律与国家关联性的事实，很可能使得法律的连续性具有的、对暗示主权国家身份存在的意义在他们心目中大打折扣，进而使他们根本没有通过寻求法律的连续性的方法来暗示主权国家身份存在的意旨。

虽然世俗民族国家已经成为思考法律的现实背景，但由于德

_____

① 谌洪果. 哈特的法律实证主义：一种思想关系的视角［M］. 北京：北京大学出版社，2008：60. 但是在德国法治文化中，很难用法律的独立性来暗示国家的存在。

国特殊的政治状况、历史和文化，国家因素在德国法治文化中仍然是一个明显的主题。正是其特有的历史条件和现实情况，使得德国的"法治诉求不可能采取英美的法治模式"。德国的法治国包含了两个方面的内容：一方面，法治诉求普遍性的规则之治，法律本身就是自主性的；但另一方面，它又诉求一个国家的权威，国家伦理高于法律规则。① 所以在德国，法治与国家从一开始就纠缠在一起，成为一个明显而突出的问题。② 在这样的法治文化下形成的法理论与国家的联系是明显的，法律的连续性具有很强的证明主权国家存在的功能。而法律理论不仅会反映在法律学者的书本中，而且也反映在司法程序的过程中，尤其是在不寻常的案件之中。③ 德国法院对"告密者案件"的判决思路可能具有的、通过寻求法律的连续性暗示德国作为一个整体主权国家身份存在的意图，恰恰是对德国法治文化与英美法治文化一个不同之处的反应。从这样的思路进行思考可以得出以下结论：由于德国法治文化与英美法治文化差异的存在，即使哈特、富勒对德国所处境况有所认识，他们也可能很难在"告密者案件"上与德国法院持有一致的判决思路，得出同样的解决方案。

概而言之，在英美法治文化中，法理论弱化了法律与政治国

---

① 高全喜. 从古典思想到现代政制：关于哲学、政治与法律的讲演 ［C］. 北京：法律出版社，2008：527.

② 高全喜. 从古典思想到现代政制：关于哲学、政治与法律的讲演 ［C］. 北京：法律出版社，2008：537.

③ 安索尼·T. 克罗曼. 迷失的律师：法律职业理想的衰落 ［M］. 田凤常，译. 北京：法律出版社，2010：130.

家的表面联系。但在德国法治文化中，法律一方面是独立的，另一方面又与政治国家形影相随。哈特、富勒弱化法律与国家表面联系的法理论与德国法治文化中形成的法理论之间的差异，在某种程度上可能会导致他们基于自己法理论立场形成的解决"告密者案件"的方案，偏离德国法院的事实方案。在这里妮古拉·莱西再次证明了自己的正确性，她说："在不稳定的情境中，法律制度的识别与哲学的、逻辑的或者形式的法律效力无关，而只与权力关系、制度结构、历史和文化的准则有关。"①

## 第三节　对一个疑问的回答

也许有学者会追问一个问题，即如果本章上述两节所述因素是导致哈特、富勒"告密者案件"之争偏离案件事实方案的原因，那么又该如何解释德国法院也曾实际选择过与《哈佛法律评论》虚假报道的案件解决思路同样的思路处理一些类似案件的现象？如拉德布鲁赫在《法律的不法与超越法律的法》中论述的普特法尔肯告密案就是这一现象的例证之一。

很明显，在前两节所述导致哈特、富勒"告密者案件"之争偏离案件事实方案的五个因素中，"对拉德布鲁赫的误解以及错

---

① Nicola Lacey. A Life of H. L. A Hart：A Nobel Dream and A Nightmare ［M］. New York：Oxford University Press, 2004：251.

误报道的误导""同情与超然态度的缺失""形成于常态政治下的法理论之局限性"以及法文化差异这四个因素是完全不能适用于回答这个疑问的。将该问题的矛头对准法文化差异这一因素，甚至还会出现一个更深层次的问题，即既然法文化差异的存在是一个事实，那么在每一个类似案件上都应该体现出这种差异，从而无论将哈特、富勒在争论中的思路适用于哪一个类似案件上，都应该与案件的事实方案产生偏离，为什么实际情况却不是这样呢？

对此笔者要说明的是，本书将法文化的差异作为哈特、富勒"告密者案件"之争偏离案件事实方案的原因，但不主张它会必然导致这种偏离。因为本书所述的法文化差异是一种非制度化的、潜在的法文化差异①。之所以本书在回答为什么法文化差异会导致这种偏离之问题时呈现出了复杂的理论推理过程，正是因为此法文化差异是以潜在和间接的方式对现实案件的处理产生影响的。其影响作用的发挥关涉复杂的外部条件——如对政治状况的考虑。所以，本书所述法文化差异对案件的影响作用也许会被一些可以更为直接的、明显的影响案件的因素所限制——如法官对纳粹恶法的仇恨程度。这也许开启了研究哈特、富勒"告密者案件"之争的另一路径。

那么，"角色感"的缺失这一因素又能否解释德国法院曾实

---

① 可简单概括为，不同法治文化下形成的法理论对国家有不同的处理，进而带来了对法律的连续性之意义的不同看法。

际选择过与《哈佛法律评论》虚假报道的案件解决思路同样的思路处理一些类似案件的现象呢？在笔者看来是可以的。首先说明的是，本书认为哈特、富勒来自战胜国，从而使他们在处理"告密者案件"时缺乏"角色感"，并不意味着本书持有来自战败国德国的法官们就必定会有很强的"角色感"之观点。缺乏深思熟虑，被当时惩罚告密者那种急迫情势所"逼迫"，以及前面谈到的对纳粹恶法的过于仇恨等因素，都可能淡化审理案件的德国法官应该具有的"角色感"，进而促使他们做出了与《哈佛法律评论》虚假报道的案件解决思路同样的思路来处理案件的选择。这也许也是拉德布鲁赫要写作《法律的不法与超越法律的法》一文的重要原因吧！

# 结　论

　　"告密者案件"为哈特、富勒验证法理论的优越性提供了载体，也为双方"各自阐述理论提供了解释的范例"。他们基于自己的理论立场设计的解决"告密者案件"的方案及围绕案件展开的争辩，是对司法正义的一次有力探索，同时也将法律与道德的关系这个永恒的、具有普遍意义的法哲学问题再次呈现在了世人面前。他们不乏说服力的论证，为后来者思考这些问题提供了新的思路。而双方以此为依托不断完善的法理论，为推进自然法学派的复兴和分析实证主义法学派的发展都起到了不可估量的作用，也为人类法理论的丰富和完善提供了理论资源。

　　但是，激烈的论战却有一个尴尬的结局。无论是自认为与德国法院站在一起的富勒提出的解决"告密者案件"的方案，还是站在德国法院对立面的哈特提出的解决"告密者案件"的方案，都不同于德国法院处理"告密者案件"的实际方案。双方在"告密者案件"上的论战偏离了方向。

　　不可否认的是，发生争论的哈特、富勒与审判案件的德国法院有着共同的目标，就是寻求实现"告密者案件"上的司法正义。为什么在同一个目标的指引下哈特、富勒却没能拿出与事实方案一致的方案，这是值得思考的问题。战后德国被战胜国分而治之，"政治实体不复存在""国际人格暂时停止"，取代纳粹政府的新政权并不能行使国家主权，而只能听命于占领当局。在这种特殊背景下，德国法院在处理告密者案件时巧妙地避开了纳粹法律的效力问题，即回避了"恶法亦法""恶法非法"或者说是"忠于法律"之争，而是援引告密者做出告密行为时依然有效的1871年《德国刑法典》追究告密者的责任。这样处理不但符合占领当局的意愿，达到了惩罚告密者、追求司法正义之目的，而且还暗含或期望保持德国法律的连续性，推动德国人恢复对德国法的信心，同时暗示德国统一的主权国家身份的存在。

　　无论是哈特还是富勒都始终未能站在德国法院的立场上思考案件，选择最适合当时德国的实际状况和需求的方案。本书提出的导致论战偏离真实方案之方向的五个因素如下所示。

　　第一，哈特、富勒在拉德布鲁赫发生了"转向"这一学界具有争议的判断影响下，误读了拉德布鲁赫战后的思想；同时，《哈佛法律评论》错误报道的案件被他们当作了真实的案件加以讨论。哈特、富勒分别基于实证主义法立场和自然法立场对《法律的不法与超越法律的法》进行了断章取义的理解，为《哈佛法律评论》错误报道的处理"告密者案件"的方案找到了学理依据，而《哈佛法律评论》的错误报道反过来又为他们误读出的拉德布鲁赫战后思想作了"背书"。

第二，哈特、富勒都是来自战胜国的法学家，缺乏作为战败国的德国法官和法学家如拉德布鲁赫等所具有的那种对纳粹统治以及德国战后所处状况的复杂感受与认识。在德国法院对"告密者案件"的审判中，包含着对战败后德国的政治状况、纳粹统治时期的司法状况、纳粹统治的"合法化"及其持续掌握德国政权12年的事实等因素的考虑。它需要妥善处理"告密者案件"面临的法律、道德与政治困境，而不仅仅是法律与道德冲突的问题。

第三，哈特、富勒没有带着同情与超然的态度思考"告密者案件"。缺乏对"告密者案件"的"代位"思考，使本来就因为来自战胜国而缺乏"角色感"的论战双方未能弥补自己的"先天"不足。

第四，哈特、富勒的法理论主要形成于一种和平、稳定的国家背景中，其理论也是依据这样的国家状况进行建构的。他们设计的解决"告密者案件"的方案与这种随着论战的深入而形成于常态政治下的法理论有紧密联系。与之相对，德国法院处理"告密者案件"的背景和"告密者案件"本身的性质都使该案蕴含了会挑战形成于常态政治下的法律理论的因素。

第五，形成于英美法文化（法治文化）中的哈特、富勒的法理论要么对法律与政治国家关联性的"表达"不显白，要么淡化了法律与政治国家的关联性。但在德国法文化（法治文化）中，法律与国家的联系是明显的。这使哈特、富勒在思考解决"告密者案件"的方案时可能会有不同于德国法院的思路。

在这五个因素中，第一个因素可以看作是导致哈特、富勒"告密者案件"之争偏离方向的直接原因，后面四个因素则是更深层的原因，其中英美法文化与德国法文化的差异、英美学者与德国学者和法官对于德国现状的不同感受最为关键，也是导致争论在一开始偏离方向的情况下，最终未能回归到真实案件方向上来的重要的原因。

综上所述，以德国法院处理"告密者案件"的事实方案判断哈特、富勒"告密者案件"之争是偏离了方向的论战。哈特、富勒在将"告密者案件"涉及的问题当作"具有普遍意义的一个永恒的法理学难题"看待的时候可以说是犯了"错误"。"告密者案件"发生在德国，由德国法院审理，案件的处理受到了德国当时所处政治状况和德国法文化的影响。哈特、富勒来自战胜国，并且更多地站在英美法学家的立场，带着英美法文化的有色眼镜审视和解决问题，他们忽视了案件所涉问题的德国性。

如此看来，富勒提出的"怨毒告密者难题"也许并非无从回答。

在《法律的道德性》第一版中，富勒以附录的形式将《怨毒告密者难题》（*The problem of the Grudge Informer*）一文增加到了书后。他寄语《法律的道德性》的读者，"在阅读本书第二章前，先阅读这篇文章并思考它所提出的问题也许会有用"①。这从一个

---

① Lon L. Fuller. The Morality of Law［M］. New Haven：Yale University Press, 1964, p. v.

侧面折射出富勒在"告密者案件"上的思考对其法理论形成具有
的重要意义。

按照富勒自己的话说，《怨毒告密者难题》是在《法律的道
德性》完成前许久写成的。① 然而，怨毒告密者案件已经是他虚拟
的第二则案例了。第一则案例是其 1949 年在《哈佛法律评论》发
表的假设公案——洞穴奇案（The Case of the Speluncean Explorers）。
该案是以"一些令人揪心的真实案例为基础的"。如萨伯（Peter
Suber）就认为，1842 年美国诉霍尔姆斯案（U. S. v. Holmes）和
1884 年女王诉杜德利与斯蒂芬案（Regina v. Dudley & Stephens）
就是这些真实案例中的两个重要案例。他说："人们可以轻易看
出富勒从这些案例中借用了大量事实：陷入绝境、抽签、人吃
人、公众的同情、夹杂着复杂政治因素的追诉、紧急避难的抗
辩、陪审团的有罪宣告、赦免的可能。"② 与洞穴奇案一样，怨毒
告密者案件实际上也是富勒在纳粹时期德国发生的一系列真实的
告密者案件基础上虚构而成的。其中，最为重要的就是他与哈特
在论战中争论的这则"告密者案件"。

《怨毒告密者难题》包含了富勒对自己和哈特在《实证主义
与法律和道德的分离》与《实证主义和忠于法律：答哈特教授》
中，有关"告密者案件"的立场与观点的虚拟运用，以及他对

---

① See：Lon L. Fuller. The Morality of Law ［M］. New Haven：Yale University Press，
1964，p. v.

② 萨伯. 洞穴奇案 ［M］. 陈福勇，等译. 北京：生活·读书·新知三联书店，
2009：10.

"告密者案件"事实方案的虚拟运用。所以,《怨毒告密者难题》可以看作是哈特、富勒"告密者案件"之争的延伸。只不过文中的案情是以虚拟的形式加以阐述的,富勒也没有明确自己的立场与态度,而是把问题和最后的判断抛给了读者。

具体说来,富勒在文中以德国的情景为蓝本,设想了一个拥有二千万人口的国家,和平、宪政、民主是这个国家的主题。但随着一个称为"紫衫党"(Purple Shirts)的政党在大选中获胜,一切都发生了改变。情景与希特勒及其纳粹党在德国大选中获胜后德国发生的情况几乎完全一样。该党及其政府在没有废址《宪法》和其中的任何条款,同时也没有修改《民法典》《刑法典》和《诉讼法典》的情况下,干涉国家司法运作、肆意歪曲法律、制定秘密法规、溯及既往地立法、不受法律约束地行使权力。在此期间,一些人出于极度自私的目的,通过告密的形式向紫衫党和政府部门举报他们的仇人在当时可能会被判处死刑的行为,如:私下批评政府;收听外国的无线电广播;与臭名昭著的地痞、流氓来往;私藏超过允许数量的干蛋粉;未能在五天内报告身份证件丢失等。① 随着紫衫党政权的垮台,公众强烈要求惩罚告密者,如何处理这些告密者就成了亟须新任司法部部长解决的问题。于是,司法部部长的五位副手提出了自己的解决方案。其中,除了第一位发言的副手外,其他四位副手都是在先指出前一

---

① Lon L. Fuller. "The problem of the Grudge Informer, Readings in the philosophy of law", in John Arthur and William. Shaw, eds. Readings in the Philosophy of Law – 2nd ed, Prentice Hall, 1993, p. 14.

位发言副手解决方案的缺陷后，才阐述自己的方案。而最后一位发言的副手主张社会对告密者的自我纠偏，主张社会对告密者的自行执法，这样的方案又明显是不符合现代政治文明和法治原则的，第一位副手的解决方案与之形成了最鲜明的对立——虽然按照发言顺序，第一位副手没有机会直接否定最后一位副手的方案，但在他阐述自己方案的发言中，已经包含了对最后一位副手解决方案的否定。所以事实是，五位副手的方案都有自己的道理，也都遭到了别人的指责，存在不足。它们形成了一个连环套。①

---

① 五位副手的立场和对告密者的处理办法如下。

　　在第一位发言的副手看来，紫衫党政府并非非法的政府，只是在"意识形态"方面与现在的政府有所区别，这并不影响其制定的法律的法律身份。而告密者的行为是符合紫衫党政府的法律的。所以，他发言的第一句话就表明了自己的态度，他说："在我看来很明显的是，我们不能对这些所谓的怨毒告密者做什么。"

　　第二位发言的副手认为，紫衫党政府不是一个合法的政府，原因在于该政府凌驾于法律之上。在它的统治下，法律时常不为人所知，相似的案件得不到相似的处理。法律制度失去了存在的前提条件，一切法律也就都不存在了。在他看来，紫衫党统治期间实际是法治的空白时期，处于人对人的战争时期。所以他主张："我们不能对所谓的怨毒告密者做什么。他们的行为既不合法，也不违法，因为他们并没有生活在法律制度之下，而是生活在无政府和恐怖的状态之中。"

　　第三位发言的副手认为，对于紫衫党政府统治时期的状态应该进行有区别的认识。紫衫党政府的所有行为并非都是践踏法律的，只有在紫衫党政府扭曲了司法的时候才应该进行干预。而告密者利用司法系统除掉自己的丈夫恰恰属于紫衫党政府扭曲司法的情形。所以他主张告密者有罪，依据则是当时仍然有效的刑法典。

　　在第四位发言的副手看来，解决"告密者案件"的最好方式是及时制定一部法律，通过溯及既往的方式妥善处罚告密者。他主张："让我们研究整个怨毒告密者问题，获得所有相关的信息，制定一部处理该问题的综合性的法律。"

　　而第五位发言的副手认为，应该让社会自我矫正，让社会自己去处理告密者。他说："值得尊敬的权威们主张刑法的主要目的在于给人的报复本能提供一个发泄途径。有时候应该允许这样的本能自行表达而不受法律形式的干预，我相信此时就是这样一个时候。怨毒告密者的问题已处于社会自我矫正的过程中。"

　　五位副手谁也不能说服谁，此种情况之所以出现当然不排除富勒在虚拟情景中有意制造困局的因素。但一个不可否认的事实是，五位副手提出的方案都得到了一定理由和依据的支撑。所以，出现困局的根本原因还在于五位副手在"告密者案件"上持有的不同理论立场和他们对案件的不同认识与考虑。①

　　而通过本书的论述可以知道，在真实的"告密者案件"中，德国法院回避纳粹法律效力问题的背后，是对当时德国所处状况的考虑——无论是对德国法律连续性的追求，还是对德国主权国家身份存在的暗示，皆建基于对当时德国所处状况的考虑之上。如此思考，要为富勒虚拟场景中那个拥有两千万居民的国家选择一个处理"告密者案件"的妥善方案，也应该从该国的国情出发，综合考虑多种因素。虽然富勒对这个国家的历史、文化和它当时所处状况没有做过多的叙述，而在其有限的描述中又很明显地能看到，这个虚拟的国家并非处于被他国分区占领的境地，但基于富勒写作《怨毒告密者难题》的现实范本判断②，认为该国很多方面的情况应当同德国类似并非毫无道理——该国也处于政权更替时期就是一个很好的证据。所以，试着从德国法院解决"告密者案件"事实方案的立场来审视司法部部长五位副手提出的五种方案，是具有一定合理性的，这样也让我们有标准对这些

---

①　如第一位副手就明显持有实证主义法学的立场，第二位副手的方案则明显带有自然法立场的痕迹。

②　如前文所述，富勒是以纳粹时期德国发生的一系列真实的告密者案件为《怨毒告密者难题》的现实写作基础的。其中，最为重要的就是他与哈特在论战中争论的"告密者案件"。

方案进行评价和选择。那么，以德国法院解决"告密者案件"的事实方案为选择标准，司法部部长在五位副手提出的五个方案中应该选择哪一个，答案也就显而易见了。

第一个方案虽然能够保证国家法律的连续性，但放弃了对告密者的惩罚。同德国的情况一样，在虚拟场景中，公众强烈要求惩罚告密者。于是，第一个方案缺乏对追究告密者责任必要性的认识，很难被司法部长接受。

第二个方案不但放弃了对告密者的惩罚，还造成国家法律连续性的断裂。所以，相较于第一个方案而言，它更不具合理性。

第四个方案违反了"法无明文规定不为罪"的原则，而且把告密者问题简单地理解为了一个单一的法律问题。更为重要的是，它没有将告密者的问题当作是摆在法官面前一个亟须解决的问题来对待。

第五个方案不符合现代政治文明和法治原则，不但不利于建立国家法律的连续性，还会使社会处于一种无政府的野蛮状态。

只有第三个方案与真实"告密者案件"中德国法院的思路和选择是一致的。它以告密者做出告密行为时依然有效的刑法典为依据追究告密者的责任。一方面在不违反"法无明文规定不为罪"的原则的前提下惩罚了告密者，另一方面保证了国家法律的连续性，有利于人们恢复对法律的信心。当然，第三位副手阐述的支持该方案的理由，并不包括寻求国家法律的连续性，而第四位副手也指出了他的方案存在的缺陷，但是从第三个方案本身来看，无论在法理意义上，还是在适应国家的各方面情况上，相较于其他四个方案，它都更具合理性。

对富勒"怨毒告密者难题"的上述回答，是在充分考虑和借鉴《怨毒告密者难题》写作范本的多方面背景情况的基础上做出的，而这种考虑案件背景状况的理路也正是本书审视哈特、富勒"告密者案件"之争的理路。如果说本书有所创新的话，正是在于跳出了围绕法律与道德的关系问题研究哈特、富勒"告密者案件"之争的传统套路，沿着理论与案件转换思考的研究思路，从政治视角对哈特、富勒在该争点上的争论进行审视，通过将德国法院处理"告密者案件"的事实方案放入到其审理案件时德国所处政治状况的大背景中来理解，从而解析出德国法院的深层次意图——其可能持有通过确保法律的连续性来暗示德国主权存在的目的，并以此为基点，结合对德国法院做出此种选择的法文化动因①以及在此方面英美法文化与德国法文化存在的差异②的论述，揭示出可能导致哈特、富勒在"告密者案件"上的争论偏离案件事实方案的深层次因素——英美法文化与德国法文化的差异。

本书所做研究的重要意义在于：通过新的视角审视哈特、富勒"告密者案件"之争，在借鉴该主题已有的众多研究成果的同时克服它们所带来的研究惯式局限和重复研究的风险，从而将我们对"哈富论战"的理解进一步推向深入，推进国内在这一主题

---

① 如本文前面所述，在德国法文化中，法律连续性对主权的存在具有很强的证明功能。

② 如本文前面所述，在英美法文化中，法律连续性对主权的存在不像在德国法文化中那样具有很强的证明功能。

上的研究。此外，本书一个更为重要的目的还在于，以从新的视角进行解读所获得的结论①为基础，将这一历史上的著名论战作为反例——在论战中，哈特、富勒忽视了英美法文化与德国法文化的差异，使争论有了偏离德国法院处理案件的事实方案这一尴尬结局，展示了在解决法律问题的过程中，尊重不同法文化的重要性，进而展示了在中国法治建设的过程中，尊重中国法文化，甚至是中国文化、"中国性质"的重要性。

我们知道，"'二战'的发生，不仅改变了世界政治经济的格局，而且也从主要方面对世界文化、精神资源做了一次重新分配。德国由此而丧失了其'强势文化'的地位，揖让于英美。"②其中也包括法文化。英美法文化的强势助推了哈特、富勒的争论沿着英美法治径路展开。他们提出的解决"告密者案件"的方案，很大程度上是将在英美法文化中具有的理论立场和构建的法理论当作普适性的法理论加以运用而形成的，进而无论其主观意愿如何，客观结果都是将德国变成了英美法文化的"殖民地"。这也就很难避免以争论偏离方向的形式表现出来的、英美法理论立场在"告密者案件"上水土不服现象的出现。③

如果说哈特、富勒对"告密者案件"解决方案的设计是对英美法理论"非语境化"运用的结果，在一定程度上折射出了英美

---

① 英美法文化与德国法文化的差异可能是导致哈特、富勒"告密者案件"之争偏离案件事实方案的重要因素。

② 舒国滢. 法哲学：立场与方法［M］. 北京：北京大学出版社，2010：109.

③ 幸运的是，单单事件发生的时间顺序就决定了，德国法院对"告密者案件"的审理不会受到出现在几年后的"哈富论战"的影响。

法理论的创造者们对其理论的自信①，甚至是自负，而对其他法文化的忽视和自身理论局限性认识的不足，那么，我们在借鉴与吸收西方法思想与法理论的过程中，"采取'非语境化'的处理和'前反思接受'的立场，并以这种'非语境化'的西方理论为判准对中国问题做'普罗克汝斯特斯之床'式的'裁剪'"②，则是犯了更为严重的错误。

对于任何处于转型中的社会来说，调整与改变所带来的情势的变化不可避免地会"制造"更多需要在情、理、法间做出妥善协调的疑难案件。各国在解决这些案件的过程中当然可以借鉴包括"哈富论战"在内的人类处理类似问题的已有理论成果，但同样重要的是，这种借鉴不能遮蔽了因社会独特性而使疑难案件具有的"本国性质"。换言之，在解决转型期出现的疑难案件的过程中，也许不能完全依凭向外借鉴的理论及其立场来处理案件，让理论主导了问题，而是要关注案件的"本国性质"。因为无论借鉴了什么样的理论成果处理案件，只有适合案件"本国性质"的解决方案才是可接受的方案，才是符合本国国情的方案。

---

① 萨默斯的下段文字很好地展现出富勒潜意识中对美国政府系统及对应的法律程序，乃至整个英美法系优越性的自信：无疑，在"二战"刚刚结束后，富勒开始研究法律程序，他发现自己有关法律程序的著作可以作为某种课程的一部分，来增进美国人对本国政府系统优越性的理解。他认为，该系统能够转化为许多基本的支配程序，这些程序及其结果与各种形式的法律是对应的。在富勒看来，英美法系之所以优越，不仅在于其指向的根本目的，而且在于英美法系中制度性程序的优越性。罗伯特·萨默斯. 大师学术：富勒［M］. 马驰，译. 北京：法律出版社，2010：184.

② 邓正来. 西方法律哲学书评文集［C］. 北京：中国政法大学出版社，2010：1.

在依法治国，建设社会主义法治国建已成为基本治国方略的今天，我们对西方法律思想与法律理论的借鉴与吸收，肯定已不单单局限于司法层面，而是涉及法治建设的多个环节，进入了一个宏大而整体的层面。在这一过程，一些学者将某些西方法律思想与理论当作了放之四海而皆准的真理，在缺乏对当下语境与历史文化视野中的 "中国问题" 的认识与体悟之情况下，急于借助 "外力" 来解决中国的问题。在 "借力" 的过程中，他们不仅将西方论者的思想抽离于其产生的特定时空以及各种物理性或主观性因素的影响，而且只记住某种思想的关键词、大而化之的说法而完全不了解其复杂的知识脉络、理论前设和内在理论。① 这样囫囵吞枣式的借鉴与吸收会导致的结果可想而知。

有学者将我国法学界存在的 "法律文化论" 和 "法律现代化论" 描述为 "没有国家的法理学"，很形象地把上述问题展示了出来。"没有国家的法理学" "即把西方特定历史和政治背景上产生的法律制度及其法律文化想象为人类唯一普遍合理的制度和文化，从而抽离了法律背后的国家、主权和文明等政治要素，忽略了法律的征服、镇压和支配等政治功能……把法律简单地理解为一种技术，而没有看到法律在国家的政教纲纪中的特殊地位，忽略了对国家、民族和文明命运的思考……"② 而之所以会出现 "没有国家的法理学"，出现西方法理论被 "非语境化" 处理和运

① 邓正来. 西方法律哲学书评文集 [C]. 北京：中国政法大学出版社，2010：3.
② 强世功. 立法者的法理学 [M]. 北京：生活·读书·新知三联书店，2007：6.

用的现象，就像哈特、富勒利用自己英美法文化中的法理论立场处理具有"德国性质"的"告密者案件"之事例所折射出的"病理"一样，是因为西方学者主动将产生于西方特定历史、文化和政治背景上的法思想、法理论和法制度用于解释和解决非西方问题。但更为重要和根本的原因是，西方法思想、法理论和法制度在某些非西方学者看来拥有无可比拟的优越性和普适性，从而将它们不加批判和反思地接纳了。

正如马丁·雅克（Martin Jacques）所说："西方容易以此（西方经验是解决所有重大事务的万能钥匙）为借口，拒绝投入精力去理解和尊重其他国家文化、历史和传统所蕴涵的智慧和特殊性……这种傲慢心态总是由别人来偿付……"① 完全照搬或者主要按照西方的历史词汇来解释和评估中国是有问题的，具体说来，就是排斥中国的所有特殊之处。② 在马丁·雅克看来，"这些特殊之处可以归纳成一句话：是什么造就了中国"。毫无疑问，中国的历史和文化是造就中国的重要元素，其中也包括法文化。所以，我们必须清楚的是，至少在法律领域内，西方学者的自信，甚至是自负，也许不会给他们自身造成很大的伤害，因为在一定程度上他们已经拥有了属于自己的法律图景。而身处转型时期的我们正走在建构中国法律图景的路上，不但应该警戒西方学

---

① 马丁·雅克. 当中国统治世界：中国的崛起和西方世界的衰落［M］. 张莉，刘曲，译. 北京：中信出版社，2010：331.

② 马丁·雅克. 当中国统治世界：中国的崛起和西方世界的衰落［M］. 张莉，刘曲，译. 北京：中信出版社，2010：331.

者的自信和自负可能带给我们的伤害，更应该不断警醒自我，不要在建构中国法律图景而向西方"借力"的过程中失去了自我而伤害了自己。

# 参考文献

## 一、中文类参考文献

（一）著作类

［1］沈宗灵．现代西方法理学［M］．北京：北京大学出版社，1992.

［2］梁治平．法律的文化解释［M］．北京：生活·读书·新知三联书店，1994.

［3］付子堂．法律功能论［M］．北京：中国政法大学出版社，1999.

［4］文正邦．当代法哲学研究与探索［M］．北京：法律出版社，1999.

［5］解兴权．通向正义之路——法律推理的方法论研究［M］．北京：中国政法大学出版社，2000.

［6］宋玉波．民主政制比较研究［M］．北京：法律出版社，2001.

[7] 张永和．权利的由来［M］．北京：中国检察出版社，2001.

[8] 卓泽渊．法的价值总论［M］．北京：人民出版社，2001.

[9] 徐爱国，李桂林，郭义贵．西方法律思想史［M］．北京：北京大学出版社，2002.

[10] 张乃根．西方法哲学史纲［M］．北京：中国政法大学出版社，2002.

[11] 刘星．西窗法雨［M］．北京：法律出版社，2002.

[12] 张世英．哲学导论［M］．北京：北京大学出版社，2002.

[13] 何怀宏．伦理学是什么［M］．北京：北京大学出版社，2002.

[14] 付子堂．法之理在法外［M］．北京：法律出版社，2003.

[15] 姚建宗．法治的生态环境［M］．济南：山东人民出版社，2003.

[16] 鄂振辉．自然法学［M］．北京：法律出版社，2004.

[17] 徐爱国．分析法学［M］．北京：法律出版社，2004.

[18] 燕继荣．政治学十五讲［M］．北京：北京大学出版社，2004.

[19] 林正编．雄辩之美［M］．北京：新华出版社，2004.

[20] 强世功．法律的现代性剧场：哈特与富勒的论战

[M]．北京：法律出版社，2005.

　[21] 卓泽渊．法政治学 [M]．北京：法律出版社，2005.

　[22] 胡旭晟．法律的道德历程：法律史的伦理解释（论纲）[M]．北京：法律出版社，2005.

　[23] 冯友兰．中国哲学简史 [M]．天津：天津社会科学院出版社，2005.

　[24] 邓正来．中国法学向何处去：建构"中国法律理想图景"时代的论纲 [M]．北京：商务印书馆，2006.

　[25] 何勤华，朱淑丽，马贺．纽伦堡审判 [M]．北京：中国方正出版社，2006.

　[26] 崔宜明．道德哲学引论 [M]．上海：上海人民出版社，2006.

　[27] 郑戈．法律与现代人的命运：马克斯·韦伯法律思想研究导论 [M]．北京：法律出版社，2006.

　[28] 赵明．反思与超越 [M]．北京：中国法制出版社，2007.

　[29] 强世功．立法者的法理学 [M]．北京：生活·读书·新知三联书店，2007.

　[30] 邹立君．良好秩序观的建构：朗·富勒法律理论的研究 [M]．北京：法律出版社，2007.

　[31] 任丘鹏．西方马克思主义法学 [M]．北京：法律出版社，2007.

　[32] 王海洲．合法性的争夺——政治记忆的多重刻写

[M]．南京：江苏人民出版社，2008.

[33] 卓泽渊．法治国家论［M］．北京：法律出版社，2008.

[34] 汪晖．去政治化的政治：短20世纪的终结与90年代［M］．北京：生活·读书·新知三联书店，2008.

[35] 谌洪果．哈特的法律实证主义：一种思想关系的视角［M］．北京：北京大学出版社，2008.

[36] 刘杨．法律正当性观念的转变：以近代西方两大法学派为中心的研究［M］．北京：北京大学出版社，2008.

[37] 刘星．法律是什么：二十世纪英美法理学批判阅读［M］．北京：法律出版社，2009.

[38] 熊毅军．论现代西方法理学的三大论战：基于古今之争立场的审视［M］．济南：山东人民出版社，2009.

[39] 支振锋．驯化法律：哈特的法律规则理论［M］．北京：清华大学出版社，2009.

[40] 费孝通．乡土中国［M］．北京：北京出版社，2009.

[41] 舒国滢．法哲学：立场与方法［M］．北京：北京大学出版社，2010.

[42] 卓泽渊．法政治学研究［M］．北京：法律出版社，2011.

[43] 冒从虎，张庆荣，王勤田．欧洲哲学通史：上、下卷［C］．天津：南开大学出版社，1985.

[44] 赵震江．法律社会学［C］．北京：北京大学出版

社，1998.

［45］何怀宏．西方公民不服从的传统［C］．长春：吉林人民出版社，2001.

［46］孙传钊．耶路撒冷的艾希曼：伦理的现代困境［C］．长春：吉林人民出版社，2003.

［47］李龙．良法论［C］．武汉：武汉大学出版社，2005.

［48］刘作翔．法理学［C］．北京：社会科学文献出版社，2005.

［49］刘金国，蒋立山．中国社会转型与法律治理［C］．北京：中国法制出版社，2006.

［50］卓泽渊．中国法治［C］．北京：中央编译出版社，2006.

［51］郑永流．法哲学与法社会学论丛［C］．北京：北京大学出版社，2007.

［52］付子堂．法理学高阶［C］．北京：高等教育出版社，2008.

［53］高全喜．从古典思想到现代政制：关于哲学、政治与法律的讲演［C］．北京：法律出版社，2008.

［54］邓正来．西方法律哲学书评文集［C］．北京：中国政法大学出版社，2010.

［55］姚建宗．法律思想的律动：当代法学名家讲演录：第2辑［C］．北京：法律出版社，2010.

［56］陈锐．法律实证主义：思想与文本［C］．北京：清华

大学出版社，2008.

[57] 陈锐. 法律实证主义：从奥斯丁到哈特 ［C］. 北京：清华大学出版社，2010.

[58] 凯尔森. 法与国家的一般理论 ［M］. 沈宗灵，译. 北京：中国大百科全书出版社，1995.

[59] H. L. A. 哈特. 法律的概念 ［M］. 张文显，等，译. 北京：中国大百科全书出版社，1995.

[60] 德沃金. 法律帝国 ［M］. 李常青，译. 北京：中国大百科全书出版社，1996.

[61] G. 拉德布鲁赫. 法学导论 ［M］. 米健，朱林，译. 北京：中国大百科全书出版社，1997.

[62] 罗纳德·德沃金. 认真对待权利 ［M］. 信春鹰，吴玉章，译. 北京：中国大百科全书出版社，1998.

[63] E. 博登海默. 法理学：法律哲学与法律方法 ［M］. 邓正来，译. 北京：中国政法大学出版社，1998.

[64] 马克斯·韦伯. 论经济与社会中的法律 ［M］. 张乃根，译. 北京：中国大百科全书出版社，1998.

[65] 米歇尔·福柯. 必须保卫社会 ［M］. 钱瀚，译. 上海：上海人民出版社，1999.

[66] 汉娜·阿伦特. 人的条件 ［M］. 竺乾威等，译. 上海：上海人民出版社，1999.

[67] 约瑟夫·E. 珀西科. 纽伦堡大审判 ［M］. 刘巍，等，译. 上海：上海人民出版社，2000.

[68] 英戈·穆勒.恐怖的法官纳粹时期的司法 [M].王勇,译.北京:中国政法大学出版社,2000.

[69] 弗里德利希·冯·哈耶克.法律、立法与自由:第一卷 [M].邓正来,译.北京:中国大百科全书出版社,2000.

[70] 本杰明·卡多佐.司法过程的性质 [M].苏力,译.北京:商务印书馆,2000.

[71] 约翰·奥斯丁.法理学的范围 [M].刘星,译.北京:中国法制出版社,2001.

[72] 古斯塔夫·拉德布鲁赫.法律智慧警句集 [M].舒国莹,译.北京:中国法制出版社,2001.

[73] 柏拉图.法律篇 [M].张智仁,何勤华,译.北京:上海人民出版社,2001.

[74] 尼尔·麦考密克,奥塔·魏因贝格尔.制度法论 [M].周叶谦,译.北京:中国政法大学出版社,2002.

[75] 川岛武宜.现代化与法 [M].王志安,译.北京:中国政法大学出版社,2002.

[76] 韦恩·莫里森.法理学:从古希腊到现代 [M].李桂林等,译.武汉:武汉大学出版社,2003.

[77] 罗斯科·庞德.法律与道德 [M].陈林林,译.北京:中国政法大学出版社,2003.

[78] 约瑟夫·拉兹.法律体系的概念 [M].吴玉章,译.北京:中国法制出版社,2003.

[79] 米歇尔·福柯.归训与惩罚:监狱的诞生 [M].刘北

成，杨远婴，译．北京：生活·读书·新知三联书店，2003.

［80］卢梭．社会契约论［M］．何兆武，译．北京：商务印书馆，2003.

［81］列奥·施特劳斯．自然权利与历史［M］．彭刚，译．北京：生活·读书·新知三联书店，2003.

［82］威尔·金里卡．当代政治哲学：上、下册［M］．刘莘，译．上海：上海三联书店，2003.

［83］朗·L. 富勒，小威廉R. 帕杜．合同损害赔偿中的信赖利益［M］．韩世远，译．北京：中国法制出版社，2004.

［84］阿图尔·考夫曼．古斯塔夫·拉德布鲁赫传［M］．舒国莹，译．北京：法律出版社，2004.

［85］卡尔·施密特．政治的概念［M］．刘宗坤，译．上海：上海人民出版社，2004.

［86］孟德斯鸠．论法的精神：上、下册［M］．张雁深，译．北京：商务印书馆，2004.

［87］费希特．自然法权基础［M］．谢地坤，程志民，译，北京：商务印书馆，2004.

［88］彼得·斯坦，约翰·香德．西方社会的法律价值［M］．王献平译，北京：中国法制出版社，2004.

［89］罗斯科·庞德．法理学［M］．邓正来，译．北京：中国政法大学出版社，2004.

［90］朗·L. 富勒．法律的道德性［M］．郑戈，译．北京：商务印书馆，2005.

［91］H. L. A. 哈特. 法理学与哲学论文集［C］. 支振锋，译. 北京：法律出版社，2005.

［92］H. L. A. 哈特，托尼·奥诺尔. 法律中的因果关系［M］. 张绍谦，孙战国，译. 北京：中国政法大学出版社，2005.

［93］古斯塔夫·拉德布鲁赫. 法哲学［M］. 王朴，译. 北京：法律出版社，2005.

［94］伊·亚·伊林. 法律意识的实质［M］. 徐晓晴，译. 北京：清华大学出版社，2005.

［95］朱迪丝·N·施克莱. 法、道德和政治审判［M］. 彭亚楠，译. 北京：中国政法大学出版社，2005.

［96］康德. 法的形而上学原理——权利科学［M］. 沈叔平，译. 北京：商务印书馆，2005.

［97］H. L. A. 哈特. 法律的概念［M］. 许家馨，李冠宜，译. 北京：法律出版社，2006.

［98］H. L. A. 哈特. 法律、自由与道德［M］. 支振锋，译. 北京：法律出版社，2006.

［99］妮古拉·莱西. 哈特的一生：噩梦与美梦［M］. 谌洪果，译. 北京：法律出版社，2006.

［100］马克斯·韦伯. 经济与社会：上、下册［M］. 林荣远，译. 北京：商务印书馆，2006.

［101］朱尔斯·L. 科尔曼. 原则的实践［M］. 为法律理论的实用主义方法辩护，丁海俊，译. 北京：法律出版社，2006.

［102］米歇尔·施托莱斯. 德国公法史：第 2 卷［M］. 雷勇，译. 北京：法律出版社，2007.

［103］马克·范·胡克. 法律的沟通之维［M］. 孙国东，译. 北京：法律出版社，2007.

［104］克劳斯·费舍尔. 德国反犹史［M］. 钱坤，译. 北京：江苏人民出版社，2007.

［105］古斯塔夫·勒庞. 乌合之众：大众心理研究［M］. 冯克利，译. 桂林：广西师范大学出版社，2007.

［106］登特列夫. 自然法：法律哲学导论［M］. 李日章，等，译. 北京：新星出版社，2008.

［107］斯科特·戈登. 法制与国家［M］. 应奇等，译. 南京：江苏人民出版社，2008.

［108］让·博丹. 主权论［M］. 李卫海，钱俊文，译. 北京：北京大学出版社，2008.

［109］萨伯. 洞穴奇案［M］. 陈福勇，等，译. 北京：生活·读书·新知三联书店，2009.

［110］迈克尔·罗斯金等著. 政治科学［M］. 林震，等，译. 北京：中国人民大学出版社，2009.

［111］约翰·奈斯比特，多丽丝·奈斯比特. 中国大趋势：新社会的八大支柱［M］. 魏平，译. 北京：中华工商联合出版社，2009.

［112］约翰·奈斯比特. 世界大趋势［M］. 魏平，译. 北京：中信出版社，2009.

[113] 柏拉图. 理想国 [M]. 郭斌和，张竹明，译. 北京：商务印书馆，2009.

[114] 雅克·马里旦. 自然法：理论与实践的反思 [M]. 鞠成伟，译. 北京：中国法制出版社，2009.

[115] 史蒂文·奥茨门特. 德国史 [M]. 邢来顺，等，译. 北京：中国大百科全书出版社，2009.

[116] 安索尼·T. 克罗曼. 迷失的律师：法律职业理想的衰落 [M]. 田凤常，译. 北京：法律出版社，2010.

[117] 罗伯特·萨默斯. 大师学术：富勒 [M]. 马驰，译. 北京：法律出版社，2010.

[118] 尼克·麦考密克. 大师学术：哈特 [M]. 刘叶深，译. 北京：法律出版社，2010.

[119] 托尔斯滕·克尔讷. 纳粹德国的兴亡 [M]. 李工真，译. 北京：人民出版社，2010.

[120] 狄骥. 法制与国家 [M]. 冷静，译. 北京：中国法制出版社，2010.

[121] 马丁·雅克. 当中国统治世界：中国的崛起和西方世界的衰落 [M]. 张莉，刘曲，译. 北京：中信出版社，2010.

[122] 陈序经. 现代主权论 [M]. 张世保，译. 北京：清华大学出版社，2010.

**（二）期刊论文类**

[123] 田平安，杜睿哲. 程序正义初论 [J]. 现代法学，

1998 (2).

[124] 潘佳铭. 从法律的实体道德性到程序道德性 [J]. 西南师范大学学报 (人文社会科学版), 1998 (3).

[125] 王锡锌. 论法律程序的内在价值 [J]. 政治与法律, 2000 (3).

[126] 黄颂. 西方自然法观念的诸种特征与本质内涵 [J]. 山西大学师范学院学报, 2000 (4).

[127] 张成明. 自然法发展概述 [J]. 重庆商学院学报, 2001 (3).

[128] 潘佳铭. 当代西方法学理论的程序中心特征 [J]. 开放时代, 2001 (6).

[129] 刘一纯. 论法治中的道德因素 [J]. 湖北大学学报 (哲学社会科学版), 2001 (8).

[130] 刘佳. 程序正义中的道德法则 [J]. 中国青年政治学院学报, 2002 (3).

[131] 方晴. 试论道德与法：对富勒相关理论的一点理解 [J]. 杭州商学院学报, 2002 (5).

[132] 陈林林. "正义科学" 之道德祭品——集权统治阴影下的法律实证主义 [J]. 中外法学, 2003 (4).

[133] 陈献光. 现代性、大屠杀与道德——读《现代性与大屠杀》有感 [J]. 史学理论研究, 2003 (4).

[134] 唐仲清. 程序正义与实体公正的关联及其相对独立价值 [J]. 学术探索, 2003 (5).

[135] 丁以升，李清春. 公民为什么要遵守法律——评析西方学者关于公民守法理由的理论 [J]. 法学评论，2003（6）.

[136] 陈强. 论富勒新自然法学的方法论特征 [J]. 锦州医学院学报（社会科学版），2004（8）.

[137] 邹立君. 法律的内在道德：一种通达目的性事业的观念（之一）——兼评富勒《法律的道德性》[J]. 社会科学论坛：学术评论卷，2005（12）.

[138] 邹立君. 良好社会秩序的孜孜探求者：法学家朗·富勒（之二）[J]. 社会科学论坛（学术评论卷），2005（12）.

[139] 孙笑侠，麻鸣. 法律与道德：分离后的结合 [J]. 浙江大学学报，2007（1）.

[140] 支振锋. 百年哈特——哈特法律思想及研究的主要文献 [J]. 法律文献信息与研究，2007（2）.

[141] 林海. 法律的正义性价值——从富勒的两则虚拟案件谈起 [J]. 学海，2007（5）.

[142] 林海. "哈富论战"的规则观与法治径路争议——自"告密者案件"而始的理论回溯 [J]. 学海，2008（6）.

[143] 林海. 哈富论战、拉德布鲁赫公式及纳粹法制谜案 [J]. 南京大学法律评论，2008（春秋合卷）.

[144] 柯岚. 拉德布鲁赫公式的意义及其在二战后德国司法中的运用 [J]. 华东政法大学学报，2009（4）.

[145] 苏秋香. 从"告密者案件"看富勒的法律与道德关系 [J]. 信阳农业高等专科学校学报，2009（4）.

[146] 柯岚. 拉德布鲁赫公式与告密者困境——重思拉德布鲁赫－哈特之争 [J]. 政法论坛, 2009 (5).

[147] 柯岚. 告密、良心自由与现代合法性的困境——法哲学视野中的告密者难题 [J]. 法律科学, 2009 (6).

[148] 吴文新. 价值和道德的基础及相关问题探讨 [J]. 理论学刊, 2009 (6).

[149] 杨国兴. 由"哈富论战"看法官自由裁量权之必要性——从"怨毒告密者案"谈起 [J]. 法制与社会, 2010 (6).

[150] 何颖. 制度伦理: 价值与局限 [N]. 中国社会科学报, 2010-01-21.

[151] 李南. 富勒新自然法思想研究 [D]. 北京: 中国政法大学, 2005.

[152] 张智. 论富勒合法性原则的确立及价值 [D]. 重庆: 西南大学, 2007.

[153] 赵宪章. 哈特与富勒论战评述 [D]. 济南: 山东大学, 2007.

[154] 林坤. 法律服从的形而上难题——以二战"告密者"案为例 [D]. 重庆: 西南政法大学, 2009.

[155] 王官成. 富勒法伦理思想研究——兼论法伦理学的范畴逻辑构架 [D]. 重庆: 西南政法大学, 2010.

[156 王家国. 作为目的性事业的法律——朗·富勒的法律观研究 [D]. 长春: 吉林大学, 2010.

## 二、外文类参考文献

### （一）著作类

[157] Lon L. Fuller. The Law in Quest of Itself [M]. Chicago: The Foundation Press, 1940.

[158] Lon L. Fuller. The Problems of Jurisprudence: A Selection of Readings Supplemented by Comments Prepared by Editor, edited [M]. Brooklyn: The Foundation Press, 1949.

[159] H. L. A. Hart. The Concept of Law [M]. New York: Oxford University Press, 1961.

[160] Lon L. Fuller. The Morality of Law [M]. New Haven: Yale University Press, 1964.

[161] H. L. A. Hart. Law, Liberty and Morality [M]. California: Stanford University Press, 1963.

[162] Friedman. Legal Theory [M]. New York: Columbia University Press, 1967.

[163] H. L. A. Hart. Punishment and Responsibility [M]. Oxford: Clarendon Press, 1968.

[164] Lon L. Fuller. Anatomy of the Law [M]. New York: F. A. Praeger, 1968.

[165] Joseph. Raz. The Authority of Law: Essays on Law and Morality [M]. Oxford: Clarendon Press, 1979.

[166] John Finnis. Natural Law and Natural Rights [M]. New

York: Oxford University Press, 1980.

[167] Neil. MacCormick. H. L. A. Hart [M]. California: Stanford University Press, 1981.

[168] Lon L. Fuller. The Principles of Social Order: Selected Essays of Lon L. Fuller [M]. edited, with an introd. By Kenneth I. Winston, Durham, N. C. : Duke University Press, 1981.

[169] H. L. A. Hart. Essays on Bentham: Studies in Jurisprudence and Political Theory [M]. Oxford: Clarendon Press, 1982.

[170] H. L. A. Hart. Essays in Jurisprudences and Philosophy [M]. Oxford: Clarendon Press, 1983.

[171] Robert S. Summers. Lon. Fuller [M]. California: Stanford University Press, 1984.

[172] Ronald Dworkin. Law's Empire [M]. Cambridge: Harvard University Press, 1986.

[173] Nicola Lacey. A Life of H. L. A Hart: A Nobel Dream and A Nightmare [M]. New York: Oxford University Press, 2004.

（二）期刊论文类

[174] C. P. Harvey. Sources of Law in Germany [M]. The Modern Law Review, Vol. 11, 1948.

[175] John Rawls. Two Concepts of Rules, The Philosophical Review, Vol. 64, 1955.

[176] H. L. A. Hart. Analytical Jurisprudence in Mid - Twentieth Century: A Reply to professor Bodenheimer [M]. University of

Pennsylvania Review, Vol. 105, 1957.

[177] H. L. A. Hart. Positivism and the Separation of Law and Morals [J]. Harvard Law Review, Vol. 71, 1958.

[178] Lon L. Fuller. Positivism and Fidelity to Law——A Reply to Professor Hart [J]. Harvard Law Review, Vol. 71, 1958.

[179] H. O. Pappe. On the Validity of Judicial Decisions in the Nazi Era, The Modern Law Review, Vol. 23, 1960.

[180] Lon L. Fuller. Law as an Instrument of Social Control and Law as a Facilitation of Human Interaction [J]. Brigham Young University Law Review, Vol. 89 1975.

[181] Gerald J. Postema. Coordination and Convention at the Foundations of Law [J]. The Journal of Legal Studies, Vol. 11 1982.

[182] Daniel E. Wueste. "Fuller's Processual Philosophy of Law", Cornell Law Review, September 1986.

[183] Symposium: Nazis in the Courtroom: Lessons from the Conduct of Lawyers and Judges under the Third Reich and Vichy [J]. France, Brooklyn Law Review, Vol. 61 1995.

[184] Stanley Palson. Radbruch on Unjust Laws: Competing Earlier and Later Views [J]. Oxford Journal of Legal Studies, Vol. 15 1995.

[185] Gerald J. Postema. Jurisprudence as Practical Philosophy [J]. Legal Theory, Vol. 4 1998.

［186］Thomas Mertens. Radbruch and Hart on the Grudge Informer. A Reconsideration ［J］. Ratio Juris, Vol. 15 2002.

［187］David Fraser. "This is not like any other legal question": a brief history of nazi law before U. K. and U. S. courts ［J］. Connecticut Journal of International Law, Vol. 19 2003.

［188］Duxbury Neil. English Jurisprudence Between Austin and Hart ［J］. Virginia Law Review, Vol. 91 2005.

［189］Gustav Radbruch. Statutory Lawlessness and Supra – Statutory Law ［J］. Bonnie L itschewske Palson and Stanley L. Oxford Journal of Legal Studies, Vol. 26 2006.

［190］Stephen Perry. Hart on Social Rules and The Foundations of Law: Liberating the Internal Point of View ［J］. Fordham Law Review, Vol. 75 2006.

［191］Scott J. Shapiro. What Is the Internal Point of View ［J］. Fordham Law Review, Vol. 75 2006.

［192］Ronald Dworkin. Hart and the Concept of Law ［J］. Harvard Law Review, Vol. 119 2006.

［193］Nicola Lacey. Philosophy, Political Morality, and History: Explaining the Enduring Resonance of the Hart – Fuller Debate ［J］. New York University Law Review, Vol. 83 2008.

［194］David. Dyzenhaus. The Grudge Informer Case Revisited ［J］. New York University Law Review, Vol. 83 October 2008.

## （三）其他

[195] Lon L. Fuller. "The problem of the Grudge Informer, Readings in the philosophy of law", in John Arthur and William. Shaw, eds. Readings in the Philosophy of Law – 2nd ed, Prentice Hall, 1993.